Vorwort

Dieser bestens beschilderte Fernwanderweg wird seinem Namen mehr als gerecht: Herrliche Panoramen und weite Ausblicke begleiten Sie auf der gesamten Strecke – von Schloss Frankenberg über den Vogelsangberg bis hin zum Schlossberg in Castell, den Eulenberg in Michelau und den Zabelstein. Neben ausgedehnten Buchenwäldern ist die Landschaft vor allem durch Weingärten und Streuobstwiesen geprägt; eine Besonderheit der Tierwelt finden Sie im südlichen Steigerwald, wo sich rund tausend verschiedene Schmetterlingsarten tummeln. So manche Kloster- oder Burganlage und natürlich die Altstadt von Bamberg, die zum Weltkulturerbe zählt, ergänzen das Naturerlebnis mit interessanten historischen Plätzen und geschichtsträchtigen Gemäuern. Natürlich kommen im Fränkischen auch Gaumen und Kehle keineswegs zu kurz!

Präzise Karten, genaue Streckenbeschreibungen, zahlreiche Stadt- und Ortspläne, Hinweise auf das kulturelle und touristische Angebot der Region und ein umfangreiches Übernachtungsverzeichnis – in diesem Buch finden Sie alles, was Sie zu einer Wanderung im Steigerwald brauchen – außer gutem Wetter, das können wir Ihnen nur wünschen.

Kartenlegende

* in Auswahl

Wanderweg auf Hartbelag
z. B.: befestigter Fußweg • ruhige Anliegerstraße

Wanderweg
breiter oder gut begehbarer Weg
z. B.: Wald- und Forstweg

Wandersteig, Pfad
schmaler Weg/Pfad • Wiesenweg

Klettersteig, Kletterstelle
• schwierige Stelle
• Trittsicherheit erforderlich
• Leiter

Verkehrsreicher Abschnitt
Strecke auf oder direkt an Straße mit starker Verkehrsbelastung

Variante, Alternativstrecke
z. B.: Ausflüge • Abkürzungen • Ein- oder Ausstiege • alternative Hauptroute

Anschlussetappen und weitere Touren

Wanderweg geplant

Wanderweg gesperrt

Tunnelstrecke, Unterführung

Fährverbindung; Lift

Stadt-/Ortsplan

Routenverlauf; Wegpunkt

Gefahrenstelle; Text beachten

Treppe

Tourist-Information

Hotel, Pension; Jugendherberge

Campingplatz; Zeltplatz

Gasthaus

Einkaufsmöglichkeit; Kiosk

Erlach sehenswerter Ort

Einrichtung im Ort vorhanden

sonstige Sehenswürdigkeit

sehenswerte Kirche; Kapelle

sehenswertes Kloster

sehenswerte Synagoge; Moschee

sehenswerte/s Schloss, Burg

sehenswerte Ruine

sehenswertes Denkmal; Wegkreuz

sehenswerte/s Bergwerk; Höhle

sehenswerter Turm; Leuchtturm

sehenswerte Wassermühle; Windmühle

sehenswertes/r Kraftwerk; Flughafen

Museum

Ausgrabung; Römische Objekte

Tierpark; Natur-Information

Naturpark; sonstige Natursehenswürdigkeit

Aussichtspunkt

Rastplatz; Unterstand

Schutzhütte; Grillplatz

Wanderparkplatz

Brunnen*

Freibad, Badestelle; Hallenbad

Bushaltestelle*

Maßstab 1 : 35.000

1 cm ≙ 350 m 1 km ≙ 2,9 cm

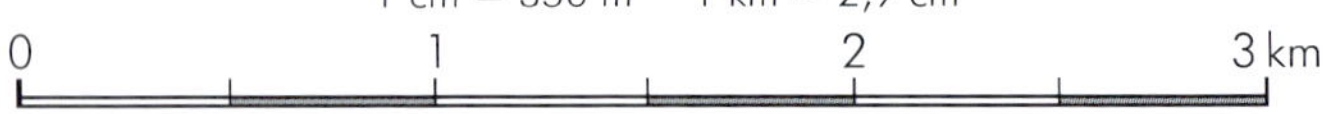

Hikeline
Wanderführer

Konrad Lechner

Fernwanderweg
Steigerwald-Panoramaweg

Wandervergnügen
in Franken

Steigerwald
Panoramaweg

VERLAG**ESTERBAUER**

Hikeline®-Wanderführer
Konrad Lechner
Steigerwald Panoramaweg

A-3751 Rodingersdorf, Hauptstr. 31
Tel.: +43/2983/28982-0, Fax: -500
E-Mail: hikeline@esterbauer.com
www.esterbauer.com
2. überarbeitete Auflage 2021
ISBN: 978-3-85000-969-0

Bitte geben Sie bei jeder Korrespondenz die Auflage und die ISBN an!

Umschlagbild: Konrad Lechner
Bildnachweis: Beate Glotzmann: S. 82; © dina- fotolia: S. 97; Günter Engert: S. 88; © Herny Czauderna – fotolia: S. 123; Konrad Lechner : S. 6, S. 8, S. 9, S. 10, S. 13, S. 17, S. 19, S. 21, S. 28, S. 29, S. 30, S. 32, S. 34, S. 36, S. 38, S. 39, S. 40, S. 42, S. 46, S. 48, S. 49, S. 50, S. 57, S. 61, S. 63, S. 64, S. 66, S. 69, S. 72, S. 75, S. 79, S. 81, S. 85, S. 86, S. 89, S. 91, S. 92, S. 94, S. 96, S. 99, S. 103, S. 104, S. 106, S. 109, S. 112, S. 114, S. 117; Michael Koch: S. 54; Michael Koch: S. 58; Paul Bickelbacher: S. 74; pixabay: S. 118, S. 119; Stadt Iphofen: S. 15; © till beck – fotolia: S. 24

Dank an alle, die uns bei der Erstellung dieses Buches tatkräftig unterstützt haben, im Besonderen an: R. Kupfer; K. Schimchen, Oberpfalz; H. Dehner; R. Wania

Das *Hikeline*-Team: Birgit Albrecht-Walzer, Katharina Amon-Schneider, Sabine Bacher-Baumgartner, Beatrix Bauer, Michael Binder, Veronika Bock, Petra Bruckmüller, Roland Esterbauer, Dagmar Güldenpfennig, Martina Kreindl, Ingrid Leidinger, Gregor Münch, Mario Nakić, Karin Neichsner, Carmen Paradeiser, Manuel Randa, Petra Schartner, Sonja Schleifer, Petra Schnetz, Christian Thoren, Isabella Tillich, Martin Trippmacher, Daniel Welser, Carina Winkelhofer, Martin Wischin, Wolfgang Zangerl

Kartographie erstellt mit axpand
(www.axes-systems.com)

Kirche; Kapelle
Kloster
Synagoge; Moschee
Schloss, Burg
Ruine
Denkmal
Wegkreuz
Bergwerk
Höhle
historischer Grenzstein, Römerstein
Grabanlage, Hügelgrab
Turm; Leuchtturm
Wassermühle; Windmühle
Funk-, Sendeanlage
Kraftwerk
Umspannwerk, Trafostation
Windkraftanlage
Sportplatz, Stadion
Golfplatz; Tennisplatz
Flughafen; Landeplatz
Quelle
Kläranlage
Schiffsanleger; Schleuse

Nur in Ortsplänen

Parkplatz
Parkhaus/Tiefgarage
Post*
Apotheke*
Krankenhaus
Feuerwehr
Polizei
Theater*

Wald; Wiese, Weide
Nassfläche, Sumpf, Moor; Heide
Weinbau; Garten
Friedhof; Sand, Düne
Steinbruch, Tagebau; Gletscher
Fels; Schutt
Gebäude; Siedlungsfläche
öffentl. Gebäude; Industriegebiet
See/Staumauer/Fluss
A13 Autobahn
B12 Schnellverkehrsstraße
B236 Fernverkehrsstraße
Hauptstraße
Pass (820 m) untergeordnete Hauptstraße / Pass
550 Nebenstraße / Höhenpunkt
Fahrweg; Weg
Pfad; Fähre
Eisenbahn / Bahnhof; S-Bahnhof
Eisenbahn stillgelegt; Nebenbahn
Straßenbahn / Haltepunkt; Bergbahn
Materialseilbahn; Sessellift
Staatsgrenze / Grenzübergang
Landesgrenze
Kreisgrenze, Bezirksgrenze
Damm
Stadtmauer, Mauer
Kanal
Naturpark, Nationalpark
Truppenübungsplatz, Sperrgebiet
Höhenlinie 100m
Höhenlinie 25m
Kilometerraster mit UTM-Koordinaten

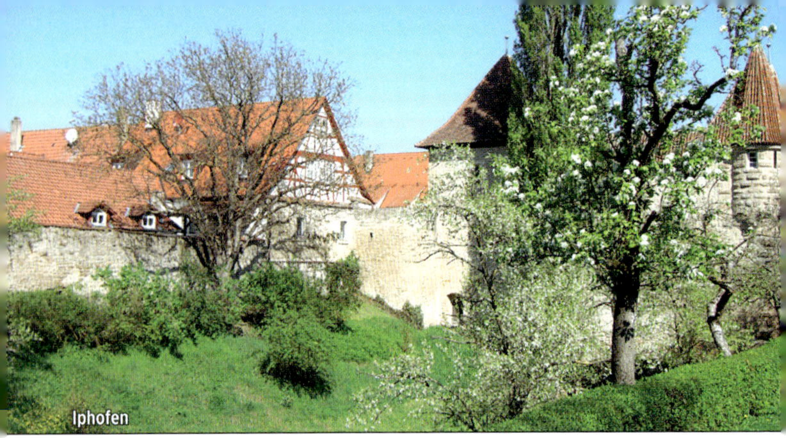

Iphofen

Inhalt

Steigerwald-Panoramaweg

Vorwort des Autors

Da ich die erste Zeit meines Lebens in Fürth und Erlangen verbrachte, bot sich zunächst die Fränkische Alb als Wander- und Exkursionsgebiet an. Als ich 1966 nach Scheinfeld und später nach Neustadt a. d. Aisch kam, war dann vor allem der Steigerwald mein Ziel. Allein, mit meiner Frau, mit Freundinnen und Freunden zog ich auf sportlichen Touren, aber auch auf botanischen und geologischen Exkursionen durch diese Landschaften. Man kann es sich heute kaum mehr vorstellen, wie unberührt vor allem der südliche Steigerwald damals gewesen ist. Die erschließenden Straßen wie z. B. von Nenzenheim nach Krassolzheim gab es noch nicht. Markierte und vor allem durchgehende Wanderwege fehlten weitgehend und man fand in manchen Gebieten höchstens gelegentlich einen alten Holzwegweiser. Ohne Kompass und topographischer Karte konnte man hier kaum eine größere Wanderung durchführen. Aber botanische Raritäten – wie beispielsweise Orchideen – waren mit vielen Arten und zahlreich vertreten. An einer ausgeschriebenen botanischen Exkursion 1972 nahmen über 50 Personen teil, sodass ich Sorge um die zu besuchenden Standorte hatte. Bereits 1979 führte ich eine Wandergruppe in einer mehrtägigen Wanderung von Scheinfeld zum Main. In den achtziger Jahren hatte ich das große Glück, den Schmetterlingsexperten Dr. Fink aus Nürnberg kennen zu lernen. Durch ihn erhielt ich vor allem einen Einblick in die Formen- und Farbenfülle der Nachtfalter. Es waren großartige Erlebnisse, in warmen Sommernächten diese Tiere mit UV-Licht anzulocken, zu fotografieren und zu bestimmen. Die Tagfalter dieser Zeit erfasste ich auf ungezählten Exkursionen, deren Befunde an das Landesamt für Umweltschutz weitergegeben wurden.

Bereits während der Entwicklung des Panoramaweges, vor etwa fünfzehn Jahren, erhielt ich vom WANDERMAGAZIN den Auftrag, zum Panoramaweg einen Wanderführer und eine Reportage zu schreiben. Im letzten Jahr der Fertigstellung des Weges baten mich der Tourismusverband Steigerwald und der Naturpark Steigerwald um Mitarbeit bei der Erfassung der GPS-Daten des Weges für die Erstellung der Landkarten, der Erfassung von Tafelstandorten und bei der Erfüllung der Kriterien zur Zertifizierung des Weges durch den Deutschen Wanderverband tätig zu werden. Aus all diesen sich über Jahrzehnte erstreckenden Aktivitäten im Steigerwald und den sich daraus ergebenden Erfahrungen ist der vorliegende Wanderführer entstanden. Er soll einen Beitrag dazu leisten, dieses landschaftlich außerordentlich reizvolle, an Kulturdenkmälern reiche und auch heute in weiten Bereichen noch wenig begangene Wandergebiet für Besucher zu erschließen und diese zu großen Wandererlebnissen zu führen.

Konrad Lechner im Frühling 2021

Der Steigerwald

Die Landschaft

Der Steigerwald erstreckt sich auf ca. 50 Kilometer zwischen der Aisch im Süden und dem Main im Norden und stellt die Verbindung von den Haßbergen zur Frankenhöhe dar. Ausgehend von der weitgehend gerodeten und landwirtschaftlich genutzten Mainfränkischen Platte in einer Höhe von etwa 200 bis 300 Metern erhebt sich (besonders im mittleren und nördlichen Bereich) ein Bergland bis knapp 500 Metern Höhe, das von Weinbergen und großen Wiesen- und Waldarealen geprägt wird. So soll „steigender Wald" zu dem Namen Steigerwald geführt haben. Der Anstieg ist durch Gesteinsschichten unterschiedlicher Härte treppenförmig gestaltet. Im südlichen Steigerwald ist das Bergland in mehrere einzelne Berge und Höhenzüge zergliedert. An vielen Stellen des Traufs befinden sich sehr gute Aussichtspunkte. Nach Osten senkt sich der Steigerwald zum Regnitztal. Im Bereich dieser Abdachung werden bewaldete Höhenzüge durch mehrere wiesenreiche Täler mit Siedlungen voneinander getrennt. Im Norden überwiegen die Buchenwälder, im Süden ist der Anteil an Eichen größer und im Bereich der Abdachung stellt die Kiefer einen hohen Anteil der Bäume. Der Panoramaweg erstreckt sich durch die

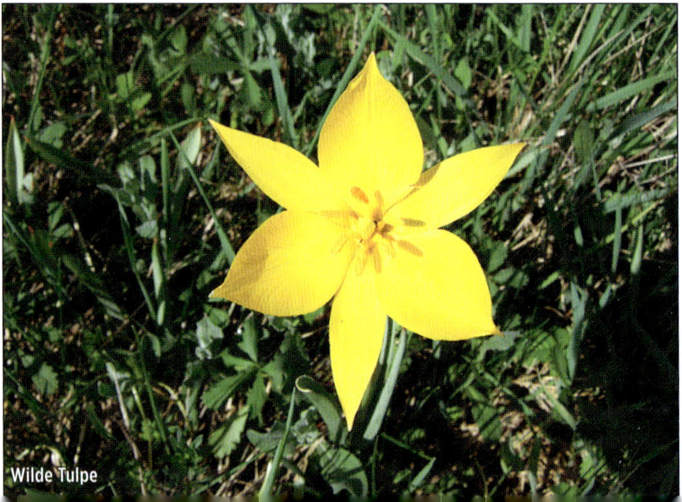

Wilde Tulpe

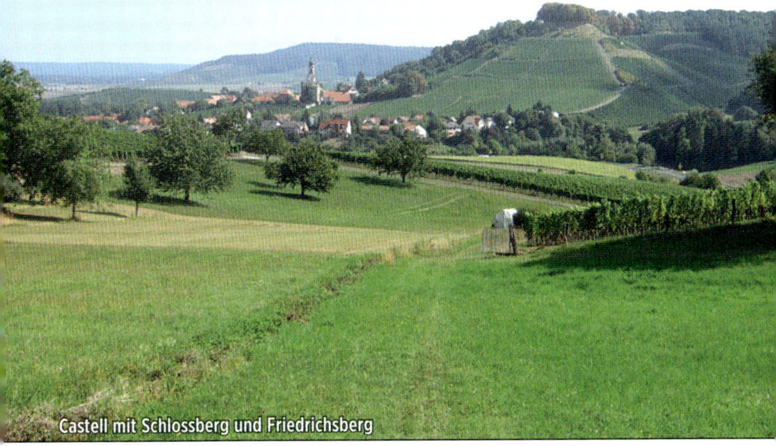

Castell mit Schlossberg und Friedrichsberg

Regierungsbezirke Unter-, Mittel- und Oberfranken. Dabei durchwandert man die Landkreise Neustadt a. d. Aisch - Bad Windsheim, Kitzingen, Schweinfurt, Haßfurt und Bamberg.

Besonderheiten und Sehenswertes

Natur und Kultur sind zwei Säulen einer großen Wanderung. Die mit Wald bedeckten Höhen des Steigerwaldes tragen Böden, die vor allem aus Sandsteinen entstanden sind. Das untere Stockwerk ist der Gipskeuper, der kalkhaltige Böden zustande bringt. Hier liegen die Weinberge und Streuobstwiesen, hier findet man auch manche botanische Rarität wie z. B. Orchideen, den Gefransten Enzian und die große, leuchtend gelbe Wilde Tulpe. Die im nördlichen Steigerwald noch ausgedehnten Buchenwälder sind Lebensräume besonders vieler Vogelarten. Im südlichen Steigerwald wurden knapp tausend Schmetterlingsarten nachgewiesen.

Der Steigerwald führt durch mehrere überregional bekannte Weinorte, dazu kommen noch einige kleinere Weinorte, in denen man ebenfalls hervorragende Weine bekommt. Von den kunstgeschichtlichen Sehenswürdigkeiten seien hier die Kirchenburgen von Hüttenheim und Mönchsondheim, die Altstadt von Iphofen, die ehemalige Residenz Castell, das einstige Zisterzienserkloster mit

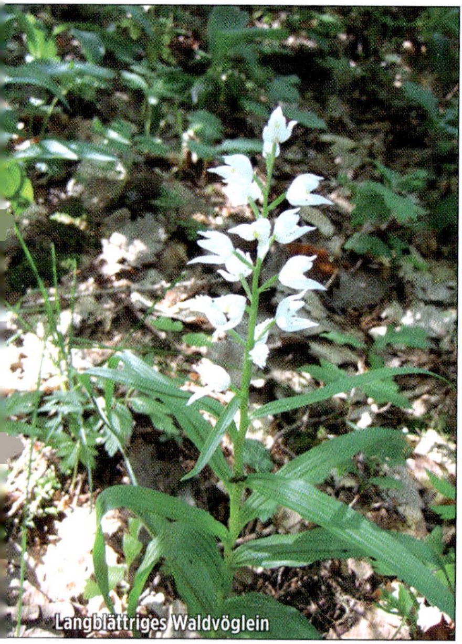

Kirche in Ebrach, die Ruine Stollberg sowie Bad Windsheim mit Altstadt und Freilandmuseum sowie das zum Weltkulturerbe zählende Bamberg am Anfang bzw. Ende des Weges erwähnt.

Zur Flora des Steigerwaldes im Bereich des Panoramaweges

Das Blühen beginnt hier oft bereits Ende Februar oder Anfang März, wenn die Bäume noch unbelaubt sind. Dann dringen die Sonnenstrahlen bis zum Boden des Waldes durch, wodurch das braune Laub erwärmt wird und zusammen mit der Feuchtigkeit aus der Schneeschmelze oder auch des Regens im Spätwinter günstige Voraussetzungen für das Wachstum der Pflanzen bestehen. Es ist der Seidelbast, der den Blütenreigen eröffnet. Dieser Strauch mit seinen rosa gefärbten und duftenden Blüten erfreut seit Jahrtausenden die Menschen im Vorfrühling und hat sogar Eingang in die griechische Mythologie gefunden. Zur selben Zeit erscheinen die Schneeglöckchen z. B. am Schwanberg in großer Zahl und vereinzelt, als besondere Rarität, im Gräfholz bei Bad Windsheim die Märzenbecher, die man an einem gelben Punkt auf den weißen Blütenblättern erkennt. Wo der Waldboden etwas Kalk enthält, blühen dann die blauen Anemonen, die auch als Leberblümchen bezeichnet werden. Diese findet man beispielsweise in den Wäldern um Schloss Frankenberg. Etwas später erscheinen die Buschwindröschen, aber dafür sehr häufig in den meisten Laubwäldern. Manchmal stehen diese Pflanzen so dicht, dass der Boden wie beschneit erscheint. Seltener sind die gelben Anemonen, aber häufig ist zu dieser Zeit auch der Lerchensporn mit purpur und weiß gefärbten Blüten. Unscheinbar sind das grüne Bingelkraut und die dicht am Boden wachsende Haselwurz mit ihren braunroten Blüten. Viele Wanderlieder besingen den Mai als die große Zeit des Wanderns. Leuchtend grün erscheinen die Hänge und Bergkuppen über den Wiesen und

Weingärten. Im Wald ist es etwas dunkler geworden, aber dieser schmückt sich nun mit einer besonderen Rarität, der Türkenbundlilie mit ihren großen roten Blüten. Wer auf dem Panoramaweg vom Schloss Frankenberg oder Kapellberg herabsteigt, sieht sie direkt neben dem Weg. Zu dieser Zeit blüht in Castell auch unmittelbar am Panoramaweg die gelbe Wilde Tulpe in großer Zahl. Im Mai vor dem ersten Schnitt sind die Wiesen am schönsten. Der Scharfe Hahnenfuß färbt sie gelb, das Wiesen-Schaumkraut violett und die Kuckucks-Lichtnelke rot. Etwa ab Ende Mai erscheinen im Wald die Orchideen. Das Schwertblättrige Waldvögelein, die Weiße Waldhyazinthe, das Stattliche Knabenkraut, das Gefleckte Knabenkraut und das Zweiblatt sind noch ziemlich häufig. Bis August blüht die Breitblättrige Stendelwurz, die wohl häufigste Orchidee im Steigerwald. Außerordentlich groß ist die Formen- und Farbenvielfalt der Blumen im Sommer an den Weg- und Waldrändern. Etwa ab der Sonnwendzeit findet man besonders häufig das Tüpfel-Johanniskraut mit gelben und die Wegwarte mit blauen Blüten. Etwas später blüht auf Trockenrasen direkt am Weg – z. B. bei Herbolzheim – die Steppenhexe mit stacheligen Blättern, eine sonst sehr seltene Pflanze. Im Herbst beschließen dann an ähnlichen Standorten die Goldaster und der Gefranste Enzian den Blütenreigen. So begleiten die Blumen den Wanderer durch das Jahr und sind oft Anregung zu weiterer Beschäftigung.

Zur Geschichte Frankens und des Steigerwaldes

Der Name Franken geht auf die Zeit der Eroberung durch die Germanen während der Völkerwanderung zurück und bezeichnet einen Volksstamm, der sich hier niedergelassen hat. Es gab im Bereich der heutigen Regierungsbezirke Unter-, Mittel- und Oberfranken nie ein einheitliches Territorium Franken im staatsrechtlichen Sinn. Die Träume eines Bernhard von Weimar von einem Franken unter seiner Herrschaft zerschlugen sich während des Dreißigjährigen Krieges. Das Gebiet des Steigerwaldes unterstand über Jahrhunderte den Bistümern Bamberg und Würzburg, den Markgrafen von Ansbach, den Fürsten des Hauses Schwarzenberg, den Grafen und späteren Fürsten zu Castell, der Abtei Ebrach und zahlreichen weiteren nur lokal bedeutenden Herrn. Diese territoriale Zersplitterung des Landes hatte zumindest bezüglich der Förderung von Kunst und Kultur viele Vorteile. Mit der Neuordnung Mitteleuropas unter Napoleon 1806 kamen große Teile Frankens zu dem in dieser Zeit gegründeten Königreich Bayern. Heute gehören die drei Regierungsbezirke zum Bundesland Bayern.

Steigerwald – ein geologischer Exkurs

Zur Geologie des Steigerwaldes

Unternimmt man eine Zeitreise in die Keuper-Zeit 232 bis 206 Millionen Jahre vor der Gegenwart, so war das Klima im damaligen, näher am Äquator gelegenen Mitteleuropa wesentlich wärmer als heute und es wechselten Regen- und Trockenzeiten miteinander ab. Geographisch befand sich in Mitteleuropa ein großes Sammelbecken, das sogenannte Germanische Becken, zur Aufnahme der Ablagerungen von Erosionsprodukten der umliegenden Beckenränder, vergleichbar etwa mit der heutigen Ostsee. Das Relief an den Beckenrändern war flach, wie z. B. an der heutigen holländischen und norddeutschen Küste, und so konnte bei geringer Absenkung des Landes oder kleinen Anstiegen des Meeresspiegels das Meerwasser vordringen, nach starken episodischen Niederschlägen erfolgten Überflutungen. Andererseits führten eine geringe Absenkung des Meeresspiegels oder eine geologische Hebung des Beckenbodens zum Abfluss des Wassers und zum Auftauchen von Untiefen und Landrücken. Deshalb spricht man auch von amphibischen Verhältnissen. Im Germanischen Becken hielten sich Absenkung und Ablagerung über lange Zeit die Waage, was im Ergebnis zur Ablagerung eines viele hundert Meter dicken Stapels von Sedimentgesteinen führte. In der Keuperzeit wurden in Schichtfluten nach starken Niederschlägen Sand aber auch Tonschlamm ins Germanische Becken eingeschwemmt. Durch Eintrocknung von Wasserflächen konnten sich auch gelegentlich Kalk und Gips abscheiden. Da all diese Vorgänge in mehrfachem Wechsel erfolgten, entstand in der Keuper-Zeit eine stark wechselhafte Schichtenfolge.

In der nachfolgenden Jura-Zeit wurde darüber noch ein bis zu 500 Meter mächtiges Schichtpaket abgelagert, wodurch der Druck der Auflast die darunter liegenden Ablagerungen zu Gestein umwandelte. In der anschließenden Kreide-Zeit begann bereits die Abtragung und es erfolgte eine Schrägstellung der Schichten mit einem Einfallen nach Osten. Dieser Vorgang setzte sich in den anschließenden Erdzeitaltern Paläogen und Neogen fort, die vormals zum Tertiär zusammenfasst wurden. Die Ursache dafür ist eine Aufwölbung im Bereich des heutigen Oberrheingbietes, die dort zum Einbruch des Rheingrabens führte und mit der gleichzeitig erfolgenden Alpenbildung im Zusammenhang steht. Zu dieser Zeit bildete sich auch ein Gewässersystem aus, das allerdings noch nicht den heutigen Verlauf hatte. In der letzten Epoche der Erdgeschichte vor der Gegenwart, dem Eiszeitalter, war die Abtragung besonders stark und formte maßgeblich das heutige Landschaftsbild. Gegenwärtig wandert man entlang des Panoramaweges durch eine Schichtstufenlandschaft, die durch den Wechsel von harten Gesteinen (Plateau bildend) und weichen Gesteinen (Steilhänge verusachend) bedingt ist.

Die Gesteine im Bereich des Panoramaweges

Der Untere Keuper ist die älteste und unterste Schichtenfolge aus Sand-, Ton- und Kalksteinen. Sie bildet den Sockel des Steigerwaldes und ist im Vorland in der Mainfränkischen Platte verbreitet. Da die Böden wegen daraufliegendem Löss und Lösslehm aus der letzten Eiszeit sehr fruchtbar sind, ist das Gebiet weitgehend gerodet und landwirtschaftlich genutzt.

Darüber lagert der Grundgips, der die Rohstoff-Grundlage der traditionellen Gipsindustrie Frankens darstellt. Die folgenden Myophorienschichten, violette bis rote Tonsteine mit weiteren Gipseinlagerungen und Kalkbänken, haben ihren Namen von der Muschel Myophoria goldfussi, die hier gefunden wird. Man erkennt sie an den gerippten Schalenabdrücken. Eine Kalkbank innerhalb der Myophorienschichten, die Bleiglanzbank, ist stärker entwickelt und tritt auch landschaftlich in Erscheinung, sodass man mit ihrer Hilfe zwischen Unteren und Oberen Myophorienschichten unterscheiden kann. Durch das hier vorkommende Mineral Bleiglanz erhielt die Bank ihren Namen. Über den Myophorienschichten folgen die Acrodus-Corbula-Bänke, die durch Verebnungen in der Landschaft auffällig sind. Zähne des Haifisches Acrodus und die Muschel Corbula führten zu diesem Namen. Darüber liegen die Estherienschichten, deren Name auf den Schalenkrebs Estheria zurückzuführen ist. Die unscheinbar gefärbten Tonsteine enthalten dünne Kalkbänke und auch noch gelegentlich dünne Gipsbänkchen. Die Schichtenfolge vom Grundgips bis zu den Estherienschichten wird auch als Gipskeuper bezeichnet. Hier befinden sich die Weinlagen, die Streuobstwiesen und die Trockenrasen mit ihren botanischen Raritäten. Über dem Gipskeuper folgt der Sandsteinkeuper mit dem Schilfsandstein an seiner Basis, dem die häufig enthaltenen Schachtelhalme, die von den Steinbrucharbeitern früher für Schilf gehalten wurden, seinen Namen gegeben haben. Der Schilfsandstein greift teilweise rinnenförmig tief in die darunterliegenden Estherienschichten. Diese Bereiche werden als Flutausbildung gegenüber der dünneren Normalausbildung bezeichnet. Zur Erklärung nimmt man an, dass sich der Sand in einem riesigen Delta mit verschieden

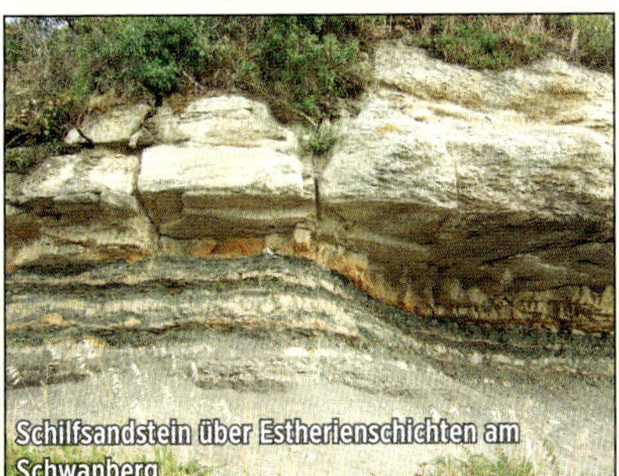
Schilfsandstein über Estherienschichten am Schwanberg

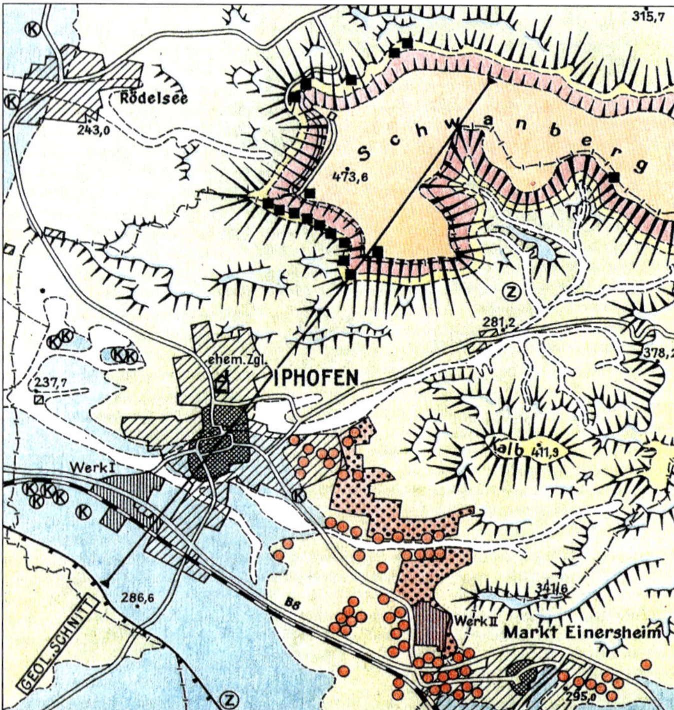

Abb. 1

tiefen Wasserbereichen abgelagert hat. Der feinkörnige, etwas grünliche und gut zu bearbeitende Sandstein war früher ein wichtiges Rohmaterial für die Bildhauer, weshalb er in vielen Brüchen abgebaut wurde. Diese sind teilweise heute noch entlang des Panoramaweges zu sehen. Die darüberliegenden Lehrbergschichten sind rote Tonsteine, die nach oben mit Kalkbänken (Lehrbergbänke) abschließen. In diesen kann man schöne Calcitkristalle finden. Die Tonsteine wurden zur Ziegelherstellung verwendet, was sich bis in die heutige Zeit fortsetzt. Darüber folgt der Blasensandstein, dem die Hohlformen herausgewitterter Tonstückchen („Blasen") seinen Namen gegeben haben. Der Stein fand zur Herstellung von Mauern Verwendung. Der darauf folgende helle Coburger Sandstein wurde als Bausandstein verwendet. Aus dem

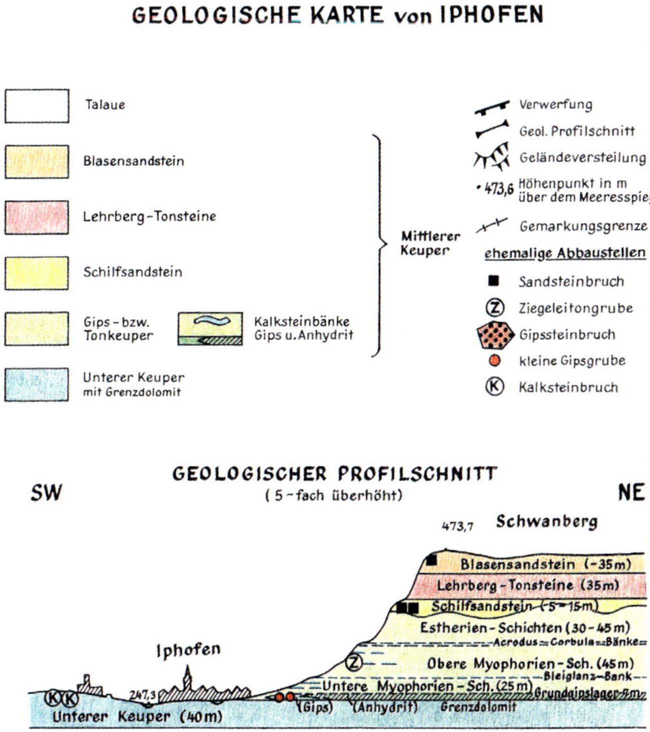

Abb. 2

Burgsandstein hat man Schloss Weissenstein bei Pommersfelden errichtet. Im Bereich der 8. und vor allem der 9. Etappe ist der Burgsandstein weit verbreitet. Zu den Keupergesteinen gehören noch Feuerletten und Rhät. Diese treten aber im Bereich des Panoramaweges nicht auf. Für eine vertiefte Betrachtung der Geologie ist das Buch Reimann M., u. Schmidt-Kaler, H. Wanderungen in die Erdgeschichte (13) Der Steigerwald und sein Vorland, München 2002 sehr zu empfehlen. Die Ausbildung des Stufenrandes im Steigerwald in Abhängigkeit von den Gesteinen und deren Verwendung ist am Beispiel von Iphofen und dem benachbarten Schwanberg in den Abb. 1 und 2 (nach HERRMANN 1983) dargestellt.

Streckencharakteristik

Länge, Höhenmeter und Etappen

Insgesamt beträgt die Weglänge zwischen Bad Windsheim und Bamberg knapp 162 Kilometer und 3.150 Aufstiegshöhenmeter – aufgeteilt auf 9 Etappen. Deren Längen liegen zwischen 12 und 24,4 Kilometern, die Anstiege zwischen 160 und 565 Höhenmetern. Mit Zuwegen, Varianten und Abstechern finden Sie in diesem Buch insgesamt ca. 200 Kilometer Weglänge.
Die einzelnen Etappen wurden in der Regel so gewählt, dass sie für durchschnittliche Wanderer leicht an einem Tag zu bewältigen und am jeweiligen Etappenende Übernachtungsmöglichkeiten vorhanden sind. Lediglich die letzten beiden Etappen fallen recht lang aus, lassen sich aber wahlweise halbieren. Besonders sportliche Tourengeher werden wahrscheinlich ein größeres Tagespensum schaffen, bei Schlechtwetter oder zusätzlichen Besichtigungen und längerem Einkehren wird die Kilometerleistung geringer ausfallen.
Für Ihre Tagesplanung zu beachten ist, dass zur Etappenlänge bei den meisten Etappen jeweils noch Zuwege zu summieren sind.

Wegweisung

Der Weg ist durchgängig für eine Begehung in beide Richtungen markiert. Die Informationen auf den Tafeln und die Beschreibungen der Zubringer in die abseits des Weges liegenden Orte mussten jeweils in einer bestimmten Richtung angegeben werden, damit Wiederholungen vermieden werden. Wir haben dazu in diesem Führer die Begehung von Süden nach Norden gewählt, d. h. Sie erhalten in diesem Fall die Information auf den Tafeln weitgehend vor dem Erreichen des betreffenden Ortes. Zudem bildet die Stadt Bamberg einen besonders schönen Rahmen für den Ausklang Ihrer Tour.

Anforderungen

Bei einer Begehung der neun in diesem Buch vorgeschlagenen Etappen geht man am ersten Tag nach der Anreise nur 13 Kilometer, sodass sich auch am Nachmittag das Ziel noch gut erreichen lässt. Die folgenden sechs Etappen liegen zwischen 15 und 20 Kilometer, die beiden letzten Etappen bei gut 24 Kilometern. Infolge der vielen Übernachtungsmöglichkeiten können Sie die Etappenlänge den individuellen Vorstellungen anpassen. Der Panoramaweg enthält keine gefährlichen Stellen, auch Schwindelfreiheit ist nicht erforderlich. Die wenigen steileren Stellen sind durch Treppen gut begehbar, ein steiler Abstieg bei Castell ist mit einem Seil gesichert.

Ausstattung

Mit einem geringen Anteil an Wegen mit Hartbelag gegenüber einem sehr hohen Anteil an naturbelassenen Pfaden, einsamen Rastplätzen in entlegenen

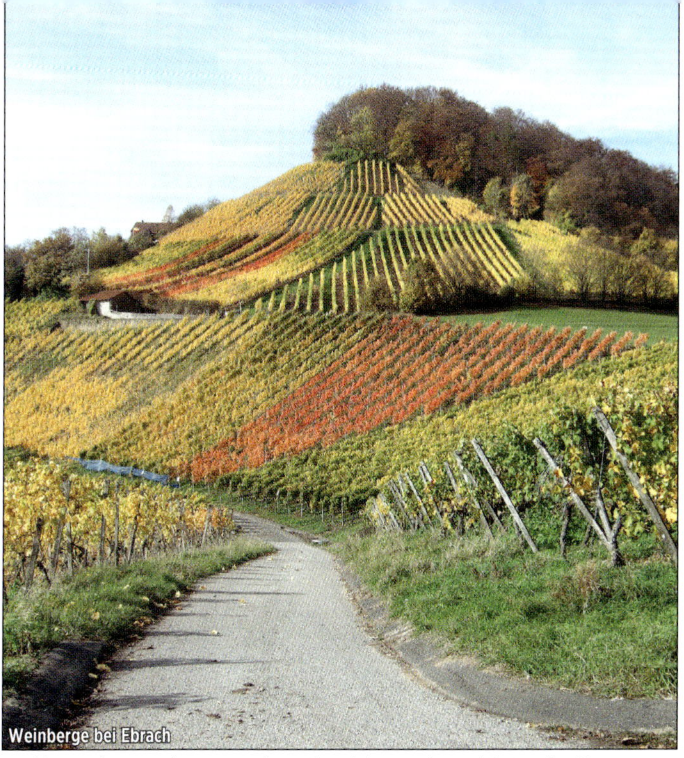

Weinberge bei Ebrach

Wäldern, aber auch an sonnigen Aussichtspunkten, bietet der Panoramaweg eine hohe Wanderqualität. Die gut verteilten Einkehrmöglichkeiten mit reichhaltigem Angebot des weit über die Region begehrten Frankenweins erhöhen sicher für viele Besucher den Wandergenuss erheblich. Die im Herbst häufig unmittelbar neben dem Weg stattfindende Weinlese und den zu dieser Zeit angebotenen „Federweißen“ sollte man besonders erwähnen. Über die gesamte Strecke sind siebzehn große Informationstafeln verteilt. Auf diesen werden jeweils der gesamte Wegverlauf mit Höhenprofil, eine Landkarte der Umgebung, die wichtigsten Sehenswürdigkeiten, Hinweise zur Ortsgeschichte sowie Angaben zur Infrastruktur dargestellt.

Bitte beachten Sie, dass zahlreiche Gastronomie-Betriebe erst ab dem späten Nachmittag öffnen und somit eine Einkehr während der Etappe nicht immer möglich ist. Bei einzelnen Etappen gibt es zwischen Start- und Zielort generell keine Einkehrmöglichkeit.

Tourenplanung

Infostellen

Steigerwald Tourismus e. V., Hauptstr. 10-12, 91443 Scheinfeld,
✆ 09162/57549990, kontakt@steigerwaldtourismus.com,
www.steigerwald-panoramaweg.de, www.steigerwaldtourismus.com
Steigerwaldklub, Geschäftsstelle, Laubanger 1, 96152 Burghaslach,
✆ 09552/7468217, www.steigerwaldklub.de

An- und Abreise mit der Bahn

Infostellen

Deutsche Bahn AG, www.bahn.de, **Reise-Service**, ✆ 01806/6996633 (€ 0,20 pro Anruf aus dem Festnetz, Tarif bei Mobilfunk max. € 0,60 pro Anruf), Mo-So 0-24 Uhr, Auskünfte über Zugverbindungen, Fahrpreise im In- und Ausland, Buchung von Tickets und Reservierungen.
Kostenlose Fahrplanauskunft ✆ 0800/1507090.
Am besten fahren Sie mit der RB 81 (Neustadt a. d. Aisch – Steinach) bis zum Bahnhof Bad Windsheim. Hier folgen Sie dem Wegweiser „Zum Steigerwald-Panoramaweg“ auf einem Steg über die Gleise, nach einem Kilometer durch den Kurpark gelangen Sie zum Ausgangspunkt des Panoramaweges.
Vom Endpunkt des Panoramaweges, am Rand des Michelsberger Waldes, geht es noch wenige Meter bergab auf der St. Getreu-Straße bis zur Bushaltestelle Michelsberger Wald. Hier fahren Sie mit der Linie 910 zum Zentralen Busbahnhof, von dort verkehren mehrere Linien zum Hauptbahnhof Bamberg. Die Rückreise nach Bad Windsheim führt über Fürth in Bayern, Neustadt a. d. Aisch und die bereits erwähnte RB 81.

Mit der Bahn entlang der Strecke

Vom Panoramaweg sind die DB Bahnhöfe Iphofen (nach der 3. Etappe) und Ebelsbach-Eltmann (nach der 8. Etappe) gut erreichbar.

An- und Abreise mit dem Auto

Auf der A 7 fahren Sie bis zur Anschlussstelle Bad Windsheim und auf der B 470 bis Bad Windsheim oder über Neustadt a. d. Aisch auf der B 470 bis Bad Windsheim. Eine gute Möglichkeit, Ihr Auto in Bad Windsheim für längere Zeit zu parken, finden Sie auf dem Parkplatz am Freilichtmuseum. Von dort gelangen Sie durch die sehenswerte Altstadt und hinterm Bahnhof durch den Kurpark in ca. einer halben Stunde zum Beginn des Steigerwald-Panoramaweges.
Eine andere Möglichkeit ist, Ihr Auto in Bamberg abzustellen, dann per Bahn nach Bad Windsheim zu reisen und sozusagen auf Ihr Auto zuzuwandern.

Am Bahnhof Bamberg gibt es den P+R-Parkplatz an der Brennerstraße, die Tagesgebühr liegt derzeit bei EUR 5,50 (Stand 2021).

Beste Reisezeit

Ganz besonders schön ist es am Panoramaweg schon im Frühling vor der Laubentfaltung, wenn die Sonne den Waldboden erreicht und dieser einen bunten Teppich von früh blühenden Pflanzen trägt. Und auch im Spätherbst, Ende Oktober bis Mitte November, wenn die Färbung ihren Höhepunkt erreicht hat und auch das Laub der Weinreben in gelben und roten Farben leuchtet, ist eine Wanderung hier sehr empfehlenswert.

Auf Grund der niedrigen Lage des Steigerwaldes und seiner Gipfel lässt sich die Route meist ganzjährig begehen, wobei im Winterhalbjahr die kürzere Tageslänge zu berücksichtigen ist. Als besonders beliebt werden sich wahrscheinlich der Mai mit dem gerade ergrünten Wald und der September zur Zeit der Weinlese und des Federweißen erweisen. Aber auch im Sommer sind Wanderungen auf dem Panoramaweg zu empfehlen. In den Wäldern und auf den Höhen ist es auch an heißen Tagen oft noch angenehm. Etwas heiß und mit wenig Schatten kann an Hochsommertagen die Strecke im Bereich der Ortschaften Hüttenheim, Mönchsondheim und Markt Einersheim auf der Etappe von Bullenheim nach Iphofen sein.

Übernachtung

Neben den Gasthäusern, die bei den einzelnen Etappen erwähnt sind, gibt es im Steigerwald und vor allem auch in den Weinorten noch eine ganze Reihe von Privatunterkünften. Da die Landschaft im Bereich des Panoramaweges – insbesondere zur Zeit der Weinlese – ein beliebtes Reisegebiet darstellt, empfiehlt sich eine rechtzeitige Reservierung. Die dafür notwendigen Informationen finden Sie ab S. 124

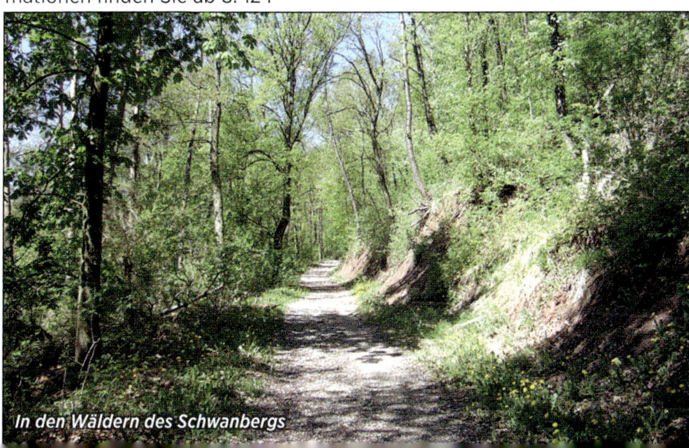

In den Wäldern des Schwanbergs

Ihre Unterkunft komfortabel buchen können Sie für einzelne Orte auch unter www.steigerwald-info.de/gastgeber/suchen-buchen/

Bekleidung, Ausrüstung

Für eine gelungene Wanderung ist die Ausrüstung ein wichtiger Faktor. Der Markt für Outdoorbekleidung ist mittlerweile unübersehbar, deswegen hier nur einige Grundregeln:

Der wichtigste Ausrüstungsgegenstand sind Schuhe mit Profilsohle. Die Passform sollte man vor einer längeren Unternehmung unbedingt auf Tagestouren überprüfen!

Für die Kleidung gilt das „Zwiebelprinzip": Mehrere Schichten erfüllen verschiedene Funktionen und lassen sich separat tragen und vielfältig kombinieren. Die unterste Schicht soll Schweiß vom Körper wegführen, darüber folgen bei Bedarf eine wärmende Schicht und zuletzt die äußerste Hülle, die Wind und Regen abhalten, trotzdem aber etwas dampfdurchlässig sein soll. Als Materialien kommen entweder Kunstfasern – leicht, wenig Feuchtigkeitsaufnahme, leider manchmal starke Geruchsbildung – oder hochwertige Wolle – etwas schwerer, wärmt aber auch im nassen Zustand und nimmt kaum Geruch an – in Frage. Baumwolle ist für anspruchsvolle Touren weniger geeignet, denn sie nimmt viel Feuchtigkeit auf und braucht sehr lange zum Trocknen.

Für Tagestouren benötigt man einen Regenschutz, ausreichend Getränke, Sonnenschutz, ein kleines Erste-Hilfe-Set und etwas Verpflegung für unterwegs, ferner empfehlen sich zwei trockene Schichten Kleidung für den Oberkörper. Bei Mehrtagestouren kommen noch Wäsche zum Wechseln, ein kleines Waschzeug und Kleidung für den Abend dazu. All das sollte in einem Rucksack von maximal 35 Litern Volumen Platz finden. Vor allem untrainierte Menschen sollten darauf achten, sich nicht zu viel Gepäck zuzumuten, denn die zusätzliche Belastung durch das Tragen kann eine schöne Wanderung schnell zur Quälerei werden lassen. Wenn Sie sich beim Packen des Reisegepäcks nicht einschränken wollen, dann sollten Sie einen Gepäcktransfer buchen (s. unten stehende Anbieter).

Wanderreiseveranstalter und Gepäcktransport

Reise-Karhu, Bahnhofstr. 14, 07545 Gera, ✆ 0365/5529670, inf@reise-karhu.de, www.reise-karhu.de

Zu diesem Buch

Dieser ***Hikeline*-Wanderführer** enthält alle Informationen, die Sie für Ihre Wanderung benötigen: exakte Karten, eine detaillierte Wegbeschreibung und die wichtigsten Informationen zu touristischen Attraktionen und Sehenswürdigkeiten.

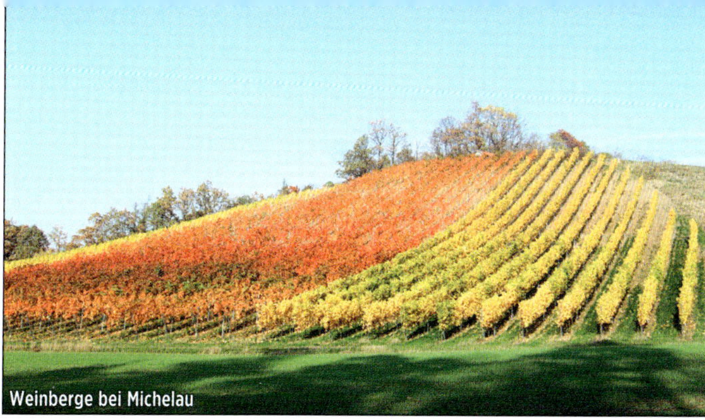

Weinberge bei Michelau

Und das alles mit der ***Hikeline*-Garantie**: Die Routen in unseren Büchern sind von unserem professionellen Redaktionsteam vor Ort geprüft worden. Um höchste Aktualität zu gewährleisten, nehmen wir nach der Erhebung Korrekturen von Lesern bzw. offiziellen Stellen bis Redaktionsschluss entgegen, die dann jedoch teilweise nicht mehr an Ort und Stelle verifiziert werden können.

Konzept

Am Beginn jeder Etappe finden Sie folgende Daten der **Hauptroute** zusammengefasst: Start- und Zielort, die Länge, die zu bewältigenden Höhenmeter im Auf- und Abstieg, die durchschnittliche Wegzeit in normalem Gehtempo, ein Höhenprofil und die Anteile an Asphalt, Wanderwegen und -pfaden. Zusätzlich finden Sie dort auch eine kurze Charakteristik der Etappe.
Die Längen der möglichen Ein- und Ausstiege beim Etappenbeginn bzw. -ende werden im Text separat beschrieben.

Karten

Eine Übersicht über die geografische Lage des Steigerwald-Panoramaweges gibt Ihnen die Übersichtskarte auf der vorderen inneren Umschlagseite.
Die Detailkarten sind im Maßstab 1:35.000 erstellt. Dies bedeutet, dass 1 Zentimeter auf der Karte einer Strecke von 350 Metern in der Natur entspricht. Zusätzlich zum genauen Routenverlauf informieren die Karten auch über die Beschaffenheit des Bodenbelags bzw. über die Art des Weges sowie über kulturelle und gastronomische Einrichtungen entlang der Strecke. Die Höhenlinien haben einen Abstand von 25 Metern.
Allerdings können selbst die genauesten Karten den Blick auf die Wegbeschreibung nicht ersetzen. Stellen mit schwieriger Wegfindung werden in der Karte mit dem Symbol ⚠ gekennzeichnet, im Text finden Sie das gleiche Zeichen zur Markierung der betreffenden Stelle wieder, manchmal ergänzt durch ein Foto.

Die beschriebene Haupttour wird immer in Blau, Varianten oder Abstecher werden in Grün dargestellt. Die genaue Bedeutung der einzelnen Symbole wird in der Zeichenerklärung auf den Seiten 4 und 5 erläutert.

Textteil

Der Textteil besteht im Wesentlichen aus der genauen Routenbeschreibung. Stichwortartige Streckeninformationen werden von dem Zeichen ~ begleitet. Manche besonders markante oder wichtige Punkte auf der Strecke sind als Wegpunkte **1**, **2**, **3**, ... durchnummeriert und – zur besseren Orientierung – mit demselben Symbol in den Karten und im Höhenprofil wieder zu finden. Bei Varianten wird dasselbe System angewendet, allerdings mit Großbuchstaben **A**, **B**, **C**,...

Die Kilometerangaben, im Text hochgestellt, zeigen Ihnen die schon zurückgelegte Strecke seit dem Tourenstart an, sie sind auf hundert Meter gerundet. In Klammern finden Sie die Höhe des betreffenden Punktes. Der Wegpunkt **7** 5,1 (1.340) ist also 5,1 Kilometer vom Ausgangspunkt der Tour entfernt und liegt auf einer Höhe von 1.340 Metern.

Ferner sind alle wichtigen **Orte** zur besseren Orientierung aus dem Text hervorgehoben. Die Symbole Ortsanfang und Ortsende kennzeichnen ein größeres, geschlossenes Siedlungsgebiet. Gibt es interessante Sehenswürdigkeiten in einem Ort, so finden Sie unter dem Ortsbalken die jeweiligen Adressen, Telefonnummern und Öffnungszeiten.

Die Beschreibung der einzelnen Orte sowie historisch, kulturell oder naturkundlich interessanter Gegebenheiten entlang der Route tragen zu einem abgerundeten Reiseerlebnis bei. Diese Textblöcke sind kursiv gesetzt und unterscheiden sich dadurch auch optisch von der Streckenbeschreibung.

Absätze in grüner Farbe behandeln Varianten und Ausflüge.

TIPP

Textabschnitte in Blau heben Stellen hervor, an denen Sie auf den weiteren Wegeverlauf und auf mögliche Varianten hingewiesen werden. Sie geben auch Empfehlungen und Erläuterungen zu Sehenswürdigkeiten oder Freizeitaktivitäten etwas abseits der Route.

Öffnungszeiten – Kategorien

- Öffnungszeiten
- frei zugänglich
- täglich
- häufig (5-6 Tage/Wo.)
- durchschnittlich (3-4 Tage/Wo.)
- selten (bis 2 Tage/Wo.)
- nach tel. Anfrage

Diese Angaben gelten während der Wandersaison und dienen als Orientierungshilfe. Die tagesaktuellen Öffnungszeiten finden Sie über den Weblink.

Weblink

Im Ortsdatenblock bei dem jeweiligen touristischen Eintrag befindet sich nach dem @ Symbol eine sechsstellige Zahlen- und Buchstabenkombination *(z. B. @ abc123).* Die Eingabe dieser Weblink-ID auf unserer Internetseite www.esterbauer.com leitet Sie direkt auf die entsprechende Webseite weiter und ersetzt somit die mühsame Eingabe ellenlanger Webadressen.

Übernachtungsverzeichnis

Im Informationsteil zu Beginn des Buches unter Wanderreiseveranstalter bzw. im Übernachtungsverzeichnis auf den letzten Seiten finden Sie auch das Zeichen . Dies bedeutet, dass ein Reiseveranstalter oder ein Beherbergungsbetrieb einen Gepäcktransfer anbietet.
Auf den letzten Seiten dieses Wanderführers finden Sie zu fast allen Orten entlang der Strecke eine Vielzahl von Übernachtungsmöglichkeiten vom einfachen Zeltplatz bis zum 5-Sterne-Hotel.

GPS-Gitter in den Karten

Das Gebiet dieser Karten liegt in der Zone 32 und hat den Bezugsmeridian 9 Grad Ost. Um zu navigieren, ist der GPS-Empfänger auf WGS 84 (World Geodetic System 1984) und UTM-Projektion einzustellen. Die Koordinaten (East und North) sind in der Karte in Kilometern, auf dem GPS-Empfänger in Metern angegeben. Für die GPS-Navigation ist auf den Karten ein grau gepunktetes Gitter mit einer Maschenweite von 1 Kilometer vorhanden. Da einige Karteninhalte hervorgehoben oder generalisiert dargestellt werden, ist eine absolute Lagegenauigkeit nicht immer garantiert.
Den Link zu den aktuellen GPS-Tracks finden Sie auf der vorderen Umschlagseite.

Bad Windsheim

Vorwahl: 09841

Tourist-Information, Marktpl. 1, 6689700, @ vup558

Fränkisches Freilandmuseum, Eisweiherweg 1, 66800 Südlich der Altstadt sind 100 ländliche Gebäude und eine Kräuter-Apotheke aus vergangenen Zeiten zu sehen, auch Theateraufführungen, Mittelaltertage und Lesungen finden hier statt. @ qyk285

Museum Kirche in Franken (Spitalkirche), Rothenburger Str. 16, 668023. Anfang des 15. Jhs. wurde die Kirche erbaut und kann heute samt sehenswerter Originalausstattung besichtigt werden. @ udq822

Reichsstadtmuseum im Ochsenhof, Seeg. 27, 1073, 5186 Anhand zahlreicher Exponate wie Möbel, Geschirr, Öfen und Gemälde erhält man im ehemaligen Kornspreicher aus dem Jahr 1537 einen interessanten Einblick in die Geschichte der ehemaligen Freien Reichsstadt. @ mfm683

St.-Kilians-Kirche, Marktplatz. In der Kirche aus dem 15. Jh. findet sich eine barocke Ausstattung.

Archäologisches Fenster, Marktpl. 1, 6689700. Mittels drei Fenstern und einem verglasten Brunnenschacht am Marktplatz bekommt man einen Einblick in die archäologischen Funde der Stadt, die bei Ausgrabungen im Jahre 2000 gefunden wurden. @ gbx211

Dr. Hans Schmotzer Bad, Westheimer Str. 22, 2251, @ npb314

Franken-Therme, Erkenbrechtall. 10, 40300, @ dtx474

Der Ort entstand aus einem Königshof und einer Martinskirche an der Stelle, wo heute die St.-Kilians-Kirche steht. Nach der Stadtgründung um 1200 und mehreren erteilten Privilegien im 13. und 14. Jahrhundert wurde Windsheim 1433 durch Sigismund die Reichsfreiheit und Gerichtshoheit zugesprochen. In der Mitte der Altstadt befinden sich heute auf dem Martinshügel die

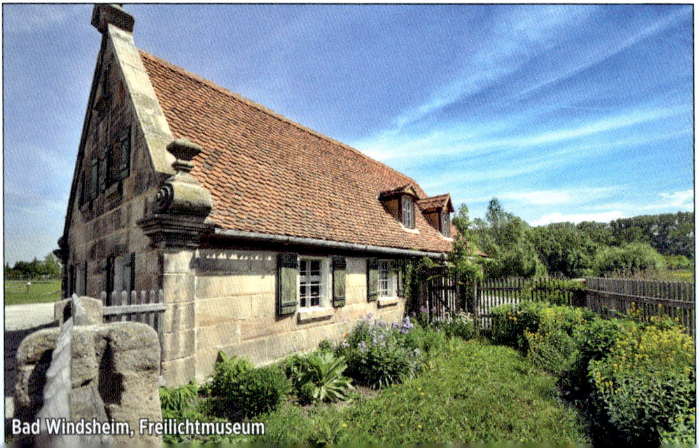

Bad Windsheim, Freilichtmuseum

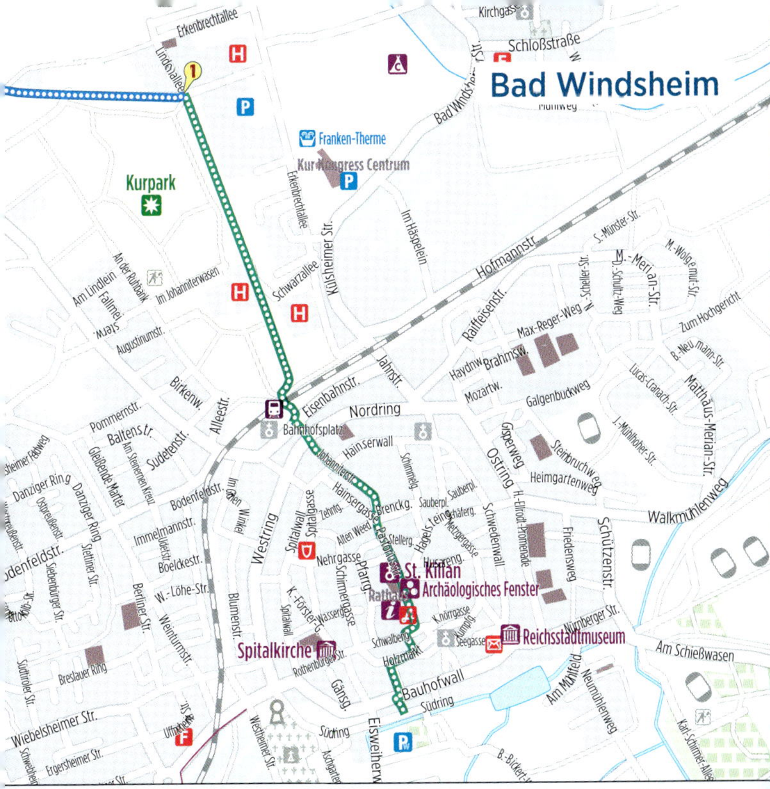

Stadtpfarrkirche (ehemals St. Kilian), deren Baubeginn um 1200 war, und das nach Plänen von G. Gabrieli errichtete barocke Rathaus. Daneben ist noch eine große Anzahl von sehenswerten und geschichtsträchtigen Bauwerken vorhanden. Die Lateinschule von 1573 hatte bereits um 1400 einen Vorgängerbau und ist damit eines der ältesten Gymnasien Nordbayerns. Das im Kern von 1427 stammende Zeughaus war in der Reichsstadt Waffenlager und Geschützgießerei. Das Geburtshaus von Georg Wilhelm Steller (1709-1746) erinnert an einen Arzt und Forschungsreisenden, der vor allem im östlichen Sibirien und in Alaska tätig war, wobei er zahlreiche Entdeckungen machte. Man kann ihn wohl als den bedeutendsten Sohn der Stadt bezeichnen.

Der große Kurpark ist oft bereits Anfang März mit Blumen in vielen Farben geschmückt ist. Besonders erwähnenswert ist eine Allee mit 400 Kastanien und Linden, die bereits 1730 angelegt wurde.

Etappe 1 — 12 km

Bad Windsheim - Herbolzheim

Start: Bad Windsheim
Ziel: Herbolzheim
Aufstieg: 158 m
Abstieg: 137 m
Gehzeit: 3 - 3,5 Std.

Hartbelag: 21 %
Wanderwege: 63 %
Wanderpfade: 16 %

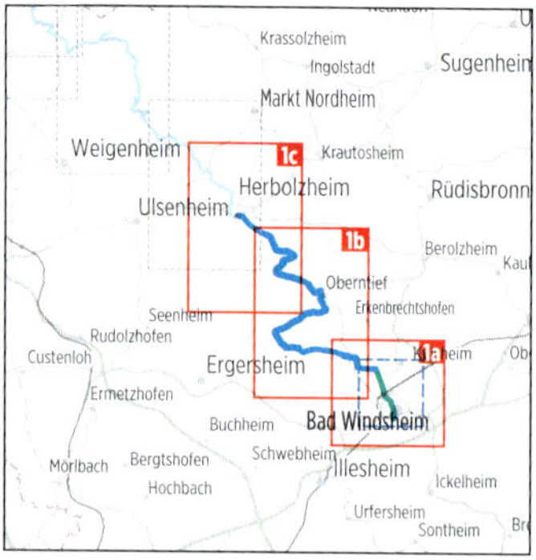

Durch das Gräfholz und über den Kehrenberg

Der Ausgangsort Bad Windsheim bietet Besuchern mit seiner historischen Altstadt, dem Fränkischen Freilandmuseum und der Franken-Therme attraktive Ziele, die einen Aufenthalt vor der Wanderung nahelegen. Im blumenreichen Waldgebiet Gräfholz und einem Naturschutzgebiet weisen mehrere Infotafeln auf die vielfältige Insektenwelt hin. Das malerische Dorf Oberntief lädt danach zum Einkehren und zu einem Besuch im Dorfmuseum ein. Nach einem Waldstück steigen Sie dann auf den bewaldeten Kehrenberg, der vor allem für seine Orchideenstandorte bekannt ist, gehen ein Stück auf dessen Kamm entlang und steigen wieder ab. Auf aussichtsreichen Wegen gelangen Sie schließlich in die Ortschaft Herbolzheim, wo Sie einkehren, übernachten und das Osingmuseum besuchen können.

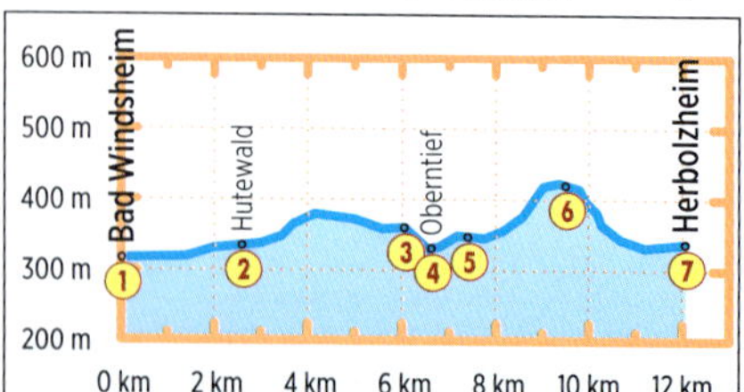

Bad Windsheim

EINSTIEG Vom Bahnhof wandern Sie in einer Viertelstunde durch den gediegenen Kurpark zum eigentlichen Startpunkt des Steigerwald-Panoramaweges am Stadtrand, wo dessen Wegweisung beginnt. Bei Anreise mit dem Auto liegt zu-

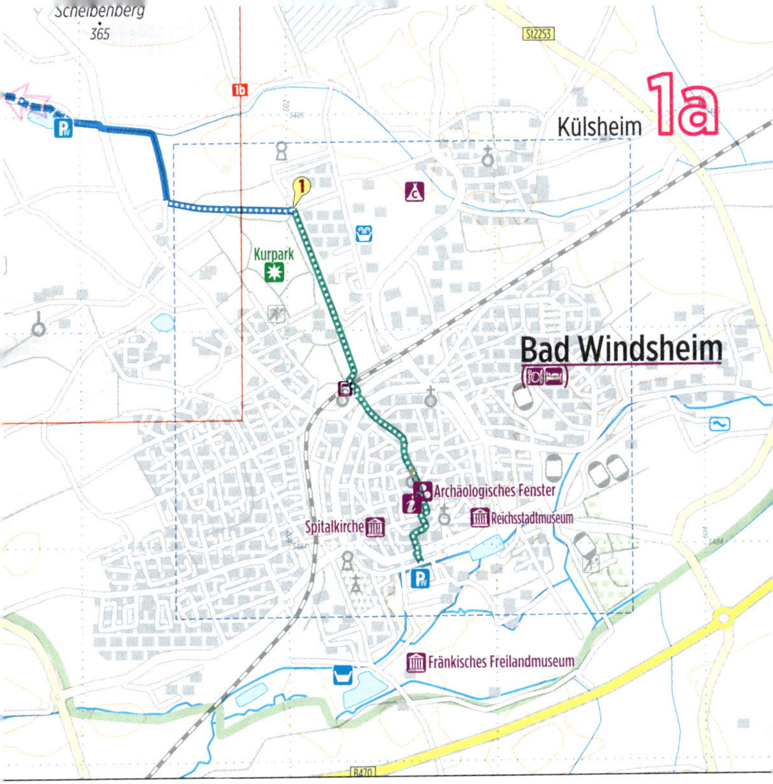

vor zwischen dem empfohlenen Parkplatz am Fränkischen Freilandmuseum und dem Bahnhof noch der reizvolle Spaziergang durch die historische Bad Windsheimer Altstadt.

Vom Parkplatz zum Bahnhof (1 km)

Sie verlassen den Parkplatz des Fränkischen Freilandmuseums in Richtung Altstadt und überqueren den Südring ⤳ durch die **Hirschengasse**, am Ende rechts in den **Holzmarkt** und kurz darauf links in die **Postgasse** ⤳ halbrechts über den **Weinmarkt** in die **Kegetstraße** ⤳ am **Marktplatz** leicht links halten und weiter in die **Pastoriusstraße** ⤳ weiter auf der **Johanniterstraße** ⤳ Sie überqueren den Nordring und erreichen den Bahnhofsvorplatz.

Vom Bahnhof Bad Windsheim zum Startpunkt (1 km)

Auf einem Steg gehen Sie über die Gleise ⤳ rechts die Treppe hinab ⤳ geradeaus entlang der Allee durch

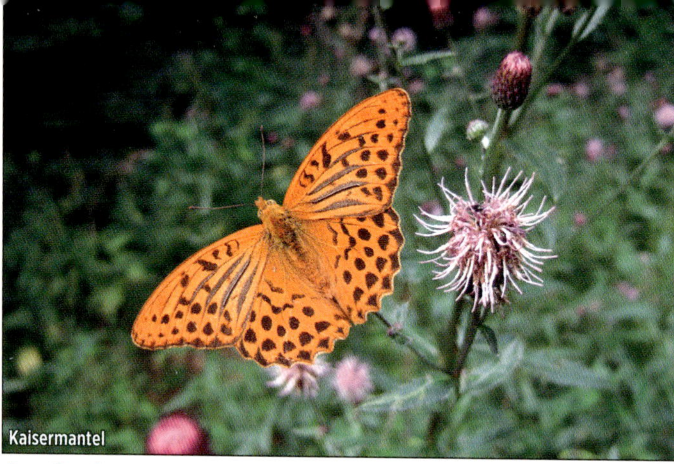

Kaisermantel

Großschmetterlinge am Kehrenberg und am Hohen Landsberg

In den Wäldern des Kehrenberges und Hohen Landsberges konnte bis 1982 Dr. Fink aus Nürnberg 960 Arten nachweisen. Bei in Deutschland insgesamt 1.300 nachgewiesenen Arten kann man sagen, dass der südliche Steigerwald eines der artenreichsten Gebiete für solche Schmetterlinge darstellt. Die Ursachen dafür sind ein Großbiotop, das stark untergliedert ist, und eine über Jahrhunderte kontinuierliche bäuerliche Nutzung der Wälder, die weitgehend im Einklang mit den naturgegebenen Voraussetzungen stand. Es ist zu hoffen, dass die Verhältnisse sich in Zukunft nicht zu ungünstig entwickeln werden. Als Bedrohung sind eine ganze Reihe von möglichen neueren Maßnahmen zu nennen: Aufgabe von Brachlandflächen, Trockenlegung von Feuchtgebieten, Entfernung von Feld- und Wegrainen, Anwendung von Herbiziden und Insektiziden, Übererschließung für den Tourismus – wobei die auf gekennzeichneten Wegen durchziehenden Fernwanderer sicher das geringste Problem darstellen –, Erschließung durch Straßen und die Betonierung von Feldwegen. Das Falterjahr im südlichen Steigerwald beginnt bereits im Winter, wenn die Temperatur den Nullpunkt überschreitet. Dann fliegen bereits überwinternde Nachtfalter wie z. B. die Gelbeule. Anfang Februar erscheint der Schneespanner. An warmen Märztagen fliegen Zitronenfalter, Pfauenauge und auch der Große Fuchs. In der Nacht erscheinen mehrere Arten der Kätzcheneulen. Im April treten nachts die Zahnspinner mit allen in Deutschland nachgewiesenen Arten auf. Bei den Sichelflüglern fehlt nur eine norddeutsche Art. Im Mai fliegt mit dem Maivogel eine besondere Rarität, denn dieser Schmetterling

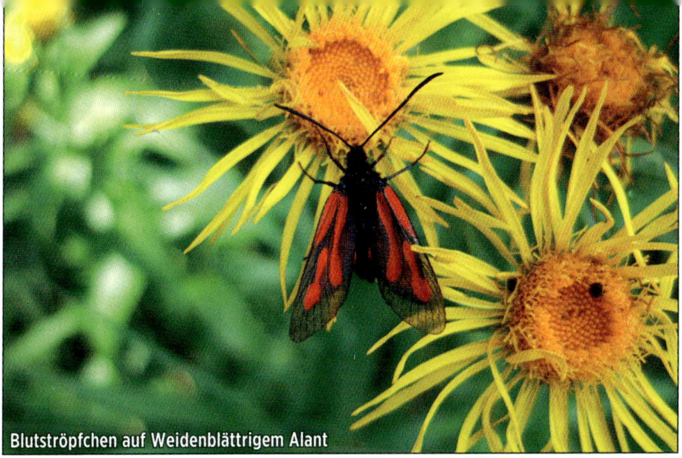
Blutströpfchen auf Weidenblättrigem Alant

ist vom Aussterben bedroht. Nach dem Stand von 1991 sind in Mitteleuropa keine weiteren Vorkommen bekannt. Außerdem wurde auch der vor allem südlich der Alpen vorkommende Segelfalter nachgewiesen. Nachts fliegen zu dieser Zeit die schönen Schwärmer und das Kleine Nachtpfauenauge. Im Juli kann man an den sonnigen Waldwegen den Schillerfalter und mehrere Scheckenfalter beobachten. Besonders groß ist der Artenreichtum im Sommer bei Nacht. Im August fliegen nachts die farbenprächtigen Ordensbänder. Im Herbst dominieren nachts die Moderholzeulen und bis Dezember fliegen die Frostspanner.

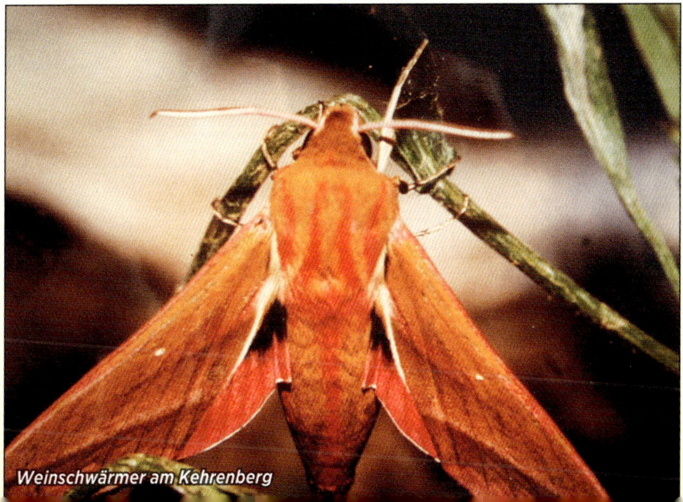
Weinschwärmer am Kehrenberg

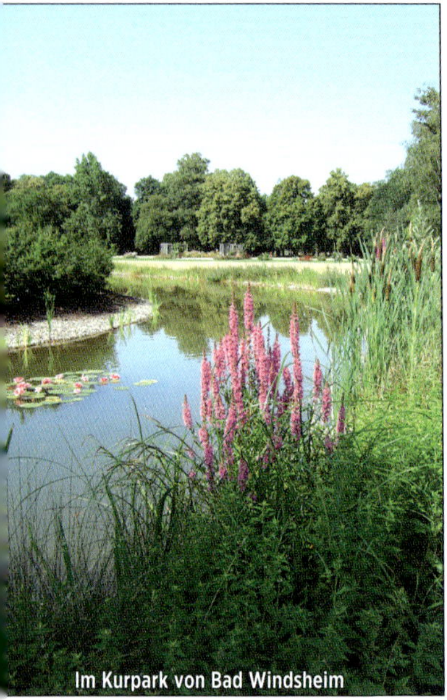
Im Kurpark von Bad Windsheim

den **Kurpark** ⤳ bis zu einer Wegekreuzung.

1 0,0 (315) Ausgehend von der großen **Infotafel** wandern Sie zunächst auf einem schmalen Weg zwischen Bäumen und Sträuchern entlang eines Grabens ⤳ rechts abbiegen und weiter zwischen Bäumen und Sträuchern ⤳ der Weg biegt nach links ab ⤳ die **Oberntiefer Straße** leicht rechts versetzt überqueren ⤳ über den **Parkplatz** ⤳ rechts an einem **Weiher** vorbei und am Gräfgraben entlang, der anschließend überschritten wird ⤳ die Route führt nun auf einem grasbewachsenen Weg zwischen Fahrweg und Bach durch lichten Eichenwald.

Hutewald. Solche Wälder wurden als Mastwälder für Tiere angelegt, um möglichst viele Waldfrüchte – in diesem Fall Eicheln – zur Schweinefütterung zu erhalten. Die Holzproduktion war weniger von Bedeutung. Großkronige Bäume mit kurzen Stämmen sind für solche Wälder charakteristisch.

2 2,6 (335) An der Wegekreuzung geradeaus ⤳ weiter zu einem **Weiher**, hier befindet sich ein Unterstand mit einem Mineralwasserbrunnen ⤳ am Weiher links vorbei, dann rechts zu einem breiten Weg ⤳ auf diesem links ⤳ an der Weggabelung am Waldrand rechts aufsteigend in den Wald ⤳ am Rand des **Naturschutzgebietes Gräfholz** entlang ⤳ auf der Anhöhe biegt der Weg rechts ab ⤳ weiter auf einer Forststraße.

3 6,0 (360) Nach der rechtsseitigen Waldwiese biegen Sie links ab auf einen Pfad ⤳ eine Wiese queren, dann kurz am Waldrand entlang ⤳ bergab wandern Sie nach Oberntief ⤳ rechts auf der **Oberen Tiefstraße** zur **Kehrenbergstraße**, etwas voraus liegt der **Frohsinnshof**.

Oberntief (Bad Windsheim)

Frohsinnshof, Kehrenbergstr. 18, ✆ 09841/2752, ✆ 09841/6018730, ⏲ So/Fei 13-17 Uhr. Große Ausstellung ehemaliger landwirtschaftlicher Gerätschaften, darunter eine einzigartige Sammlung von Bulldog-Traktoren. @ lkj678

Schwarzer Adler, Kehrenbergstr. 9, ✆ 09841/2394, ⏲ Di-So

4 6,6 (330) Links abbiegen auf die **Kehrenbergstraße** ⤳ am Ortsende links über eine Wiese ⤳ dann rechts abwärts.

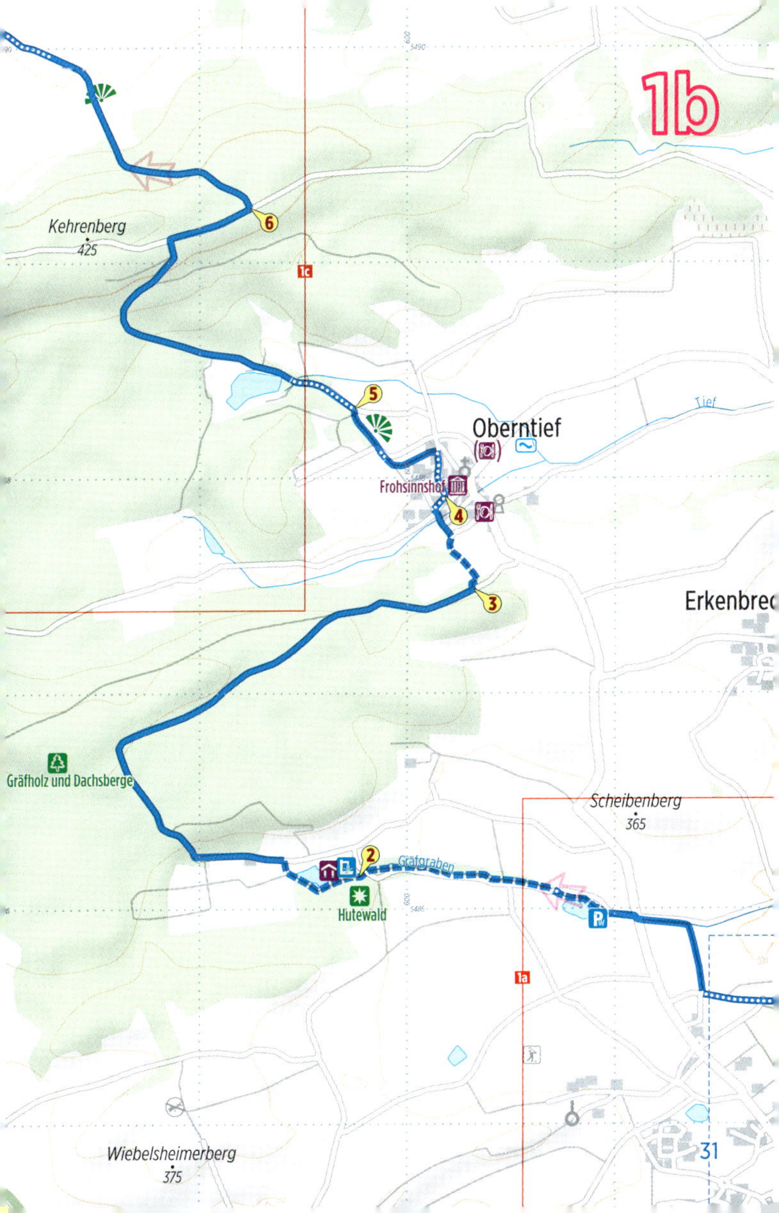
1b
Kehrenberg
425
1c
Oberntief
Frohsinnshof
Tief
Erkenbred
Gräfholz und Dachsberge
Gräfgraben
Hutewald
Scheibenberg
365
1a
Wiebelsheimerberg
375

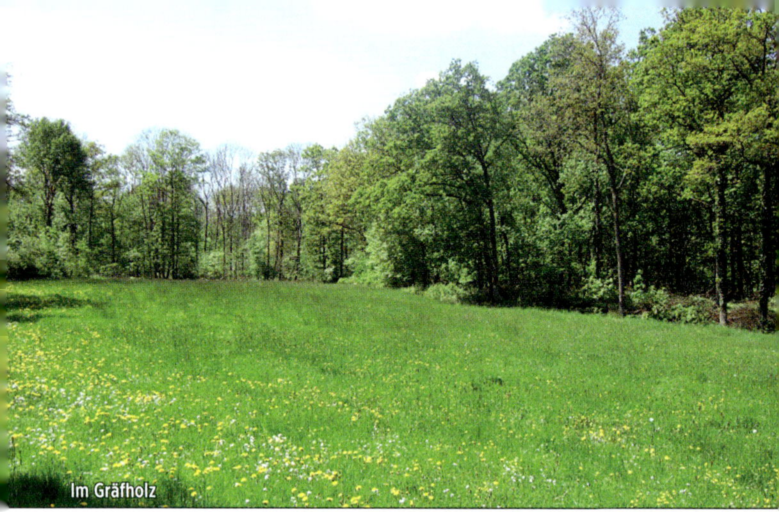

Im Gräfholz

AUSSICHT Der folgende Aussichtspunkt bietet (von Nord nach Ost gesehen) einen schönen Blick auf den Kehrenberg, den Güterwald, das Aischtal und auf die Ausläufer der Frankenhöhe.

Am Waldrand entlang.

5 7,4 (345) Am breiten Weg links ~ an einem **Weiher** vorbei und in weitem Bogen nach rechts auf den Kamm des Kehrenberges zu ~ an einer Weggabelung Richtung Herbolzheim ~ unweit des **Kehrenberges** rechts weiter auf dem querenden **Kammweg**.

TIPP Die breiten und sonnigen Wege auf dem Kehrenberg werden im Juni und Juli von seltenen Tagfaltern wie z. B. Schillerfalter und Scheckenfalter beflogen.

6 9,5 (420) Nach 400 m links abbiegen ~ dem Wegweiser Bullenheimer Berg folgen ~ der Weg verläuft zunächst eben, führt dann abwärts an den Waldrand, links können Sie Herbolzheim mit seinen beiden Kirch-

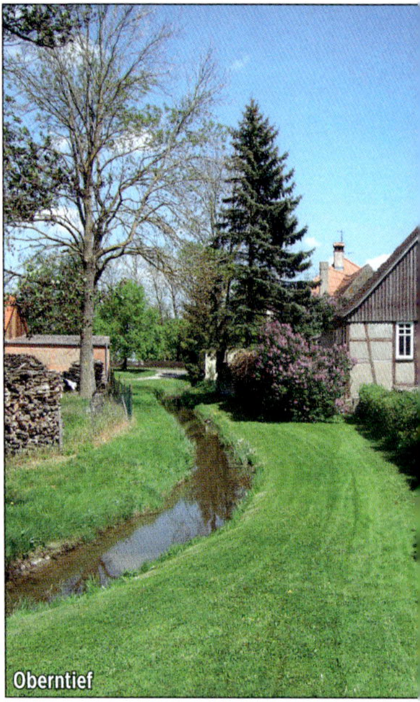

Oberntief

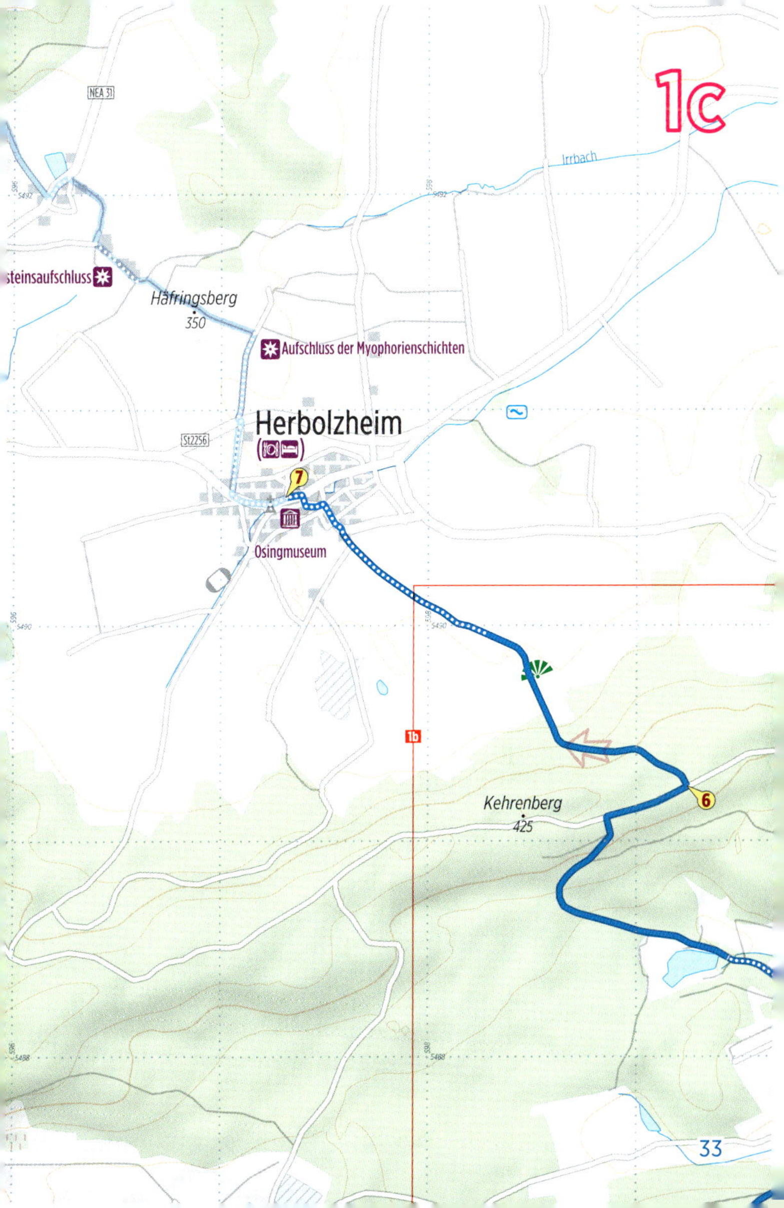

1c
NEA 31
Irrbach
steinsaufschluss
Häfringsberg
350
Aufschluss der Myophorienschichten
Herbolzheim
St2256
7
Osingmuseum
1b
Kehrenberg
425
6

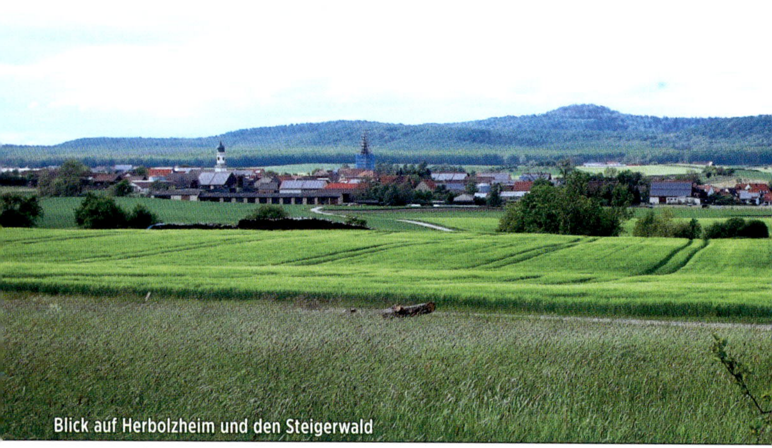

Blick auf Herbolzheim und den Steigerwald

türmen sehen ~ an einer Baum- und Strauchreihe entlang ~ weiter Richtung Herbolzheim ~ auf der von rechts einmündenden Straße in den Ort hinein ~ links und am ehemaligen Gasthaus vorbei ~ unmittelbar danach rechts zum **Dorfplatz**, wo Sie auch Infotafeln finden, und dort links. **7** 12,0 (335) Nach ein paar Schritten erreichen Sie mit der Ortsmitte von Herbolzheim das Etappenziel.

Herbolzheim (Markt Nordheim)
Vorwahl: 09842

Osingmuseum, Herbolzheim 29, ✆ 2978
Im alten Schulhaus finden Sie seltene Pflanzen und Vögel aus der Region, aber auch Informationen über die Freimarkung Osing. @ qag446

Grüner Baum, Herbolzheim 33, ✆ 2189, Fr-Mi 11-14 Uhr, 17-21 Uhr, @ pvi423

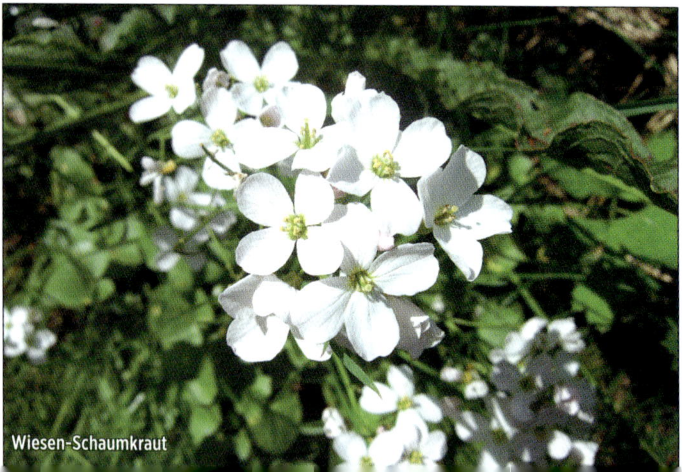

Wiesen-Schaumkraut

Etappe 2 — 14,3 km

Herbolzheim - Bullenheimer Berg

Start: Herbolzheim
Ziel: Bullenheim, Bullenheimer Berg
Aufstieg: 288 m — *Hartbelag:* 10 %
Abstieg: 186 m — *Wanderwege:* 63 %
Gehzeit: 3,5 - 4 Std. — *Wanderpfade:* 27 %

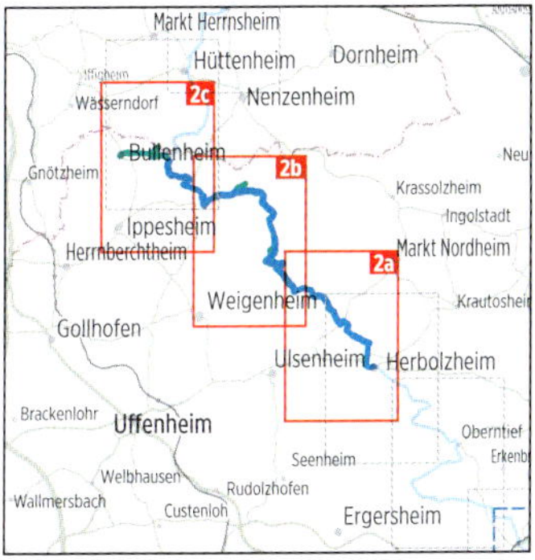

Zu den höchsten Bergen im Steigerwald

Nach Herbolzheim führt die Route zunächst über offenes Land mit Wiesen und Äckern. Dabei kommt man an zwei guten Aufschlüssen im Gipskeuper und an Trockenrasen vorbei, auf denen auch seltene Pflanzen zu finden sind. Versteckt im Wald befindet sich auf dem Hohen Landsberg die Ruine Hohenlandsberg, die sich besteigen lässt. Die Burg war im 16. Jahrhundert eine der stärksten Festungen in Franken. Der Höhepunkt der Wanderung ist sicher der Frankenberg mit der Ruine und dem Schloss, dem Arboretum und einer zeitweiligen Möglichkeit zur Einkehr. Schließlich überschreiten Sie den Bullenheimer Berg mit den Resten einer 500 Jahre alten, doch bereits im 11. Jahrhundert gestifteten Kapelle und schöner Aussicht auf das Mainland. Ein halbstündiger Zuweg führt am Ende der Etappe in den Weinort Bullenheim.

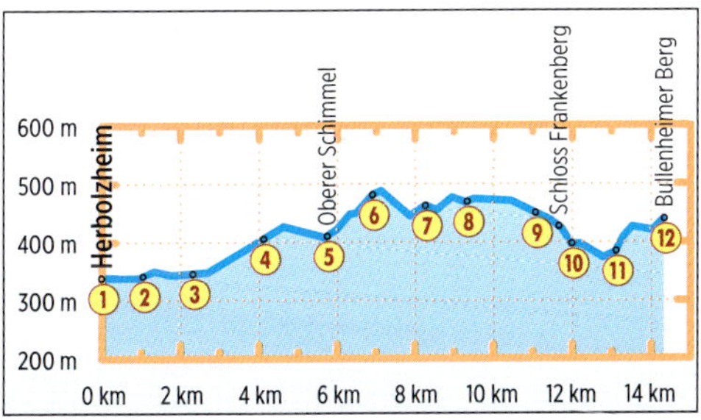

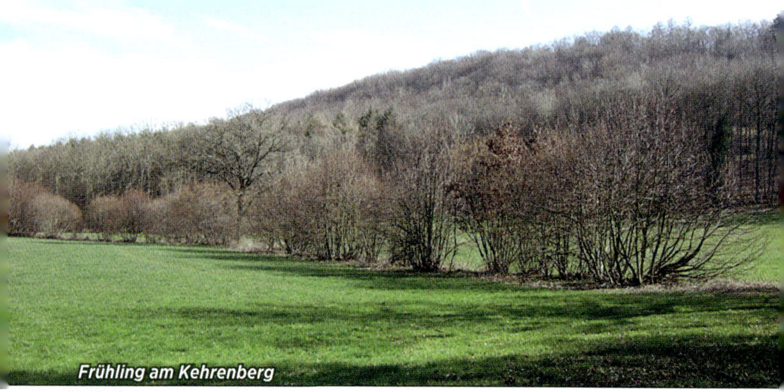

Frühling am Kehrenberg

Herbolzheim

1 0,0 (335) Ausgehend von dem Haus Nr. 29 (Osingmuseum) gehen Sie Richtung Westen durch den Ort ⤳ nach dem Haus Nr. 4 rechts abbiegen ⤳ nach Querung einer Straße führt der Weg am **Weingartsberg** an einem Keuperaufschluss vorbei.

Aufschluss der Myophorienschichten, man erkennt in der Schichtenfolge rote und violette Tonsteine, Gips- und Kalkbänkchen.

2 1,0 (340) Danach biegen Sie links zum Häfringsberg ab und erreichen einen Trockenrasen

TIPP: Hier im Umkreis blüht im Sommer die sogenannte Steppenhexe (Feld-Mannstreu).

An einer folgenden Weggabelung rechts ⤳ nach einem Trockenrasen (NSG) zu einem weiteren Aufschluss.

Gesteinsaufschluss, Grundgipsschichten mit grauem Tonstein und Gips in Wechsellagerung

Bald darauf erreichen Sie eine Straße.

3 2,3 (345) An der **Straße NEA 31** links ⤳ am **Hof Wüstphül** vorbei und nach gut 100 m rechts abbiegen ⤳ im Wald an einer Wegekreuzung geradeaus weiter ⤳ ansteigend zu einer Verebnung.

4 4,1 (405) Unterhalb des Stellenberges links ⤳ oberhalb eines Abhanges entlang ⤳ zu einer querenden Forststraße und dort rechts abbiegen ⤳ an der **Rodungsfläche Oberer Schimmel** mit wertvoller Flora entlang zu einer auffälligen Wegekreuzung.

5 5,8 (410) An der Kreuzung scharf rechts, dem Wegweiser zum Schloss Frankenberg folgend.

AUSFLUG: Auf dem linken Weg ginge es in gut 1 km zur Weinbergshütte, die an Sonn- und Feiertagen bewirtschaftet wird.

Weinbergshütte, ✆ 09842/2492, ÖZ: Mai-Okt., So/Fei ab 11 Uhr

Vorbei an einer **Schranke** kommen Sie zu einer T-Kreuzung und biegen dort am breiten Weg links ab ⤳ entlang des Hanges zu einem Abzweig, an dem Sie nach rechts aufsteigen ⤳ rechts an einem **Steinbruch im Schilfsandstein** vorbei.

6 6,9 (480) An der Wegekreuzung laut Wegweiser Bullenheimer Berg rechts.

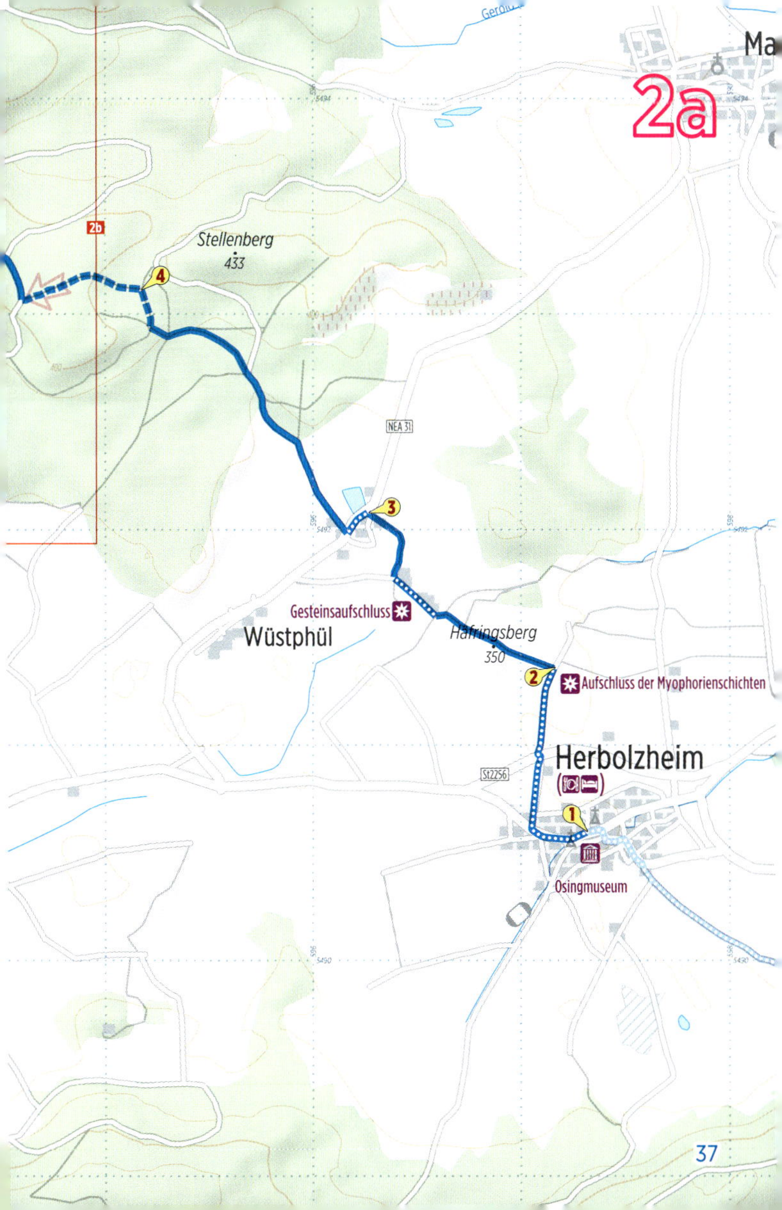
2a
Ma
2b
Stellenberg
433
4
NEA 31
3
Gesteinsaufschluss
Wüstphül
Häfringsberg
350
2
Aufschluss der Myophorienschichten
Herbolzheim
St2256
1
Osingmuseum

Die Freimarkung Osing

Die Hochfläche Osing im südlichen Steigerwald – zwischen dem Ehegrund und Rüdisbronn – gehört keiner Gemeinde, deshalb spricht man von einer Freimarkung. Die landwirtschaftlich nutzbare Fläche wird alle zehn Jahre an die Rechtler der benachbarten Dörfer (Krautostheim, Rüdisbronn, Humprechtsau und Herbolzheim) verlost. Diese in Europa wohl einmalige Form der Landnutzung hat sich seit der Zeit der Besiedlung durch die Franken bis heute erhalten. Die ältesten Urkunden stammen aus den Jahren 1465 und 1587. Die Verlosung findet jeweils statt, wenn die Jahreszahl auf 4 endet. Jedes Dorf erhält ein Viertel der Fläche, die dann unter den Rechtlern des Dorfes aufgeteilt wird. Danach kann durch Tausch und Zupacht eine andere Lage und Änderung der Flächengröße erreicht werden.

Hoher Landsberg

Südlich des Scheinberges, der mit 498 Meter lange als höchster Berg des Steigerwaldes galt, erhebt sich ebenso hoch der Hohe Landsberg. Über einem Sockel aus Schilfsandstein, in dem sich ein mächtiger aufgelassener Steinbruch befindet, ragt der Berg kuppenförmig empor und ist auch aus der Ferne deutlich erkennbar. Die Kuppe besteht aus den Lehrbergschichten. Der Berg ist vollständig von Wald bedeckt und bietet wie der Scheinberg nur im unbelaubten Zustand etwas Aussicht. Ausgehend von einer Weggabelung am Panoramaweg leitet ein Wegweiser auf den Gipfel, während der Panoramaweg am Osthang unterhalb des Berges verläuft. Man findet auf dem Hohen Landsberg heute noch die Reste der einstigen Burganlage Hohenlandsberg mit Graben, Wall, gewölbtem Eingang und Kellerresten. Im

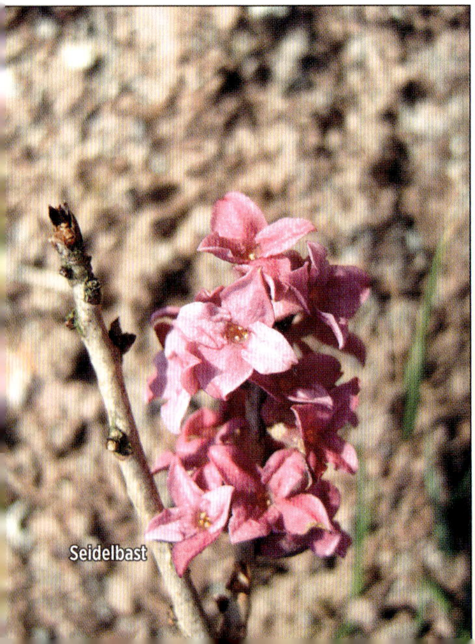
Seidelbast

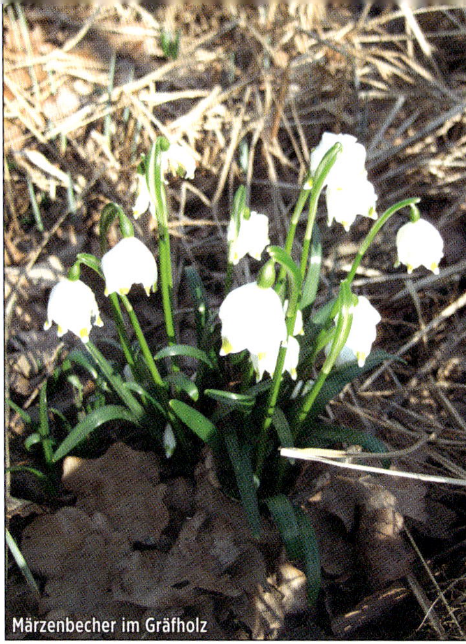
Märzenbecher im Gräfholz

13. und 14. Jahrhundert wurden mit der Burg zunächst das Hochstift Würzburg, dann Hohenlohe belehnt. 1435 kam sie in den Besitz des Erkinger von Seinsheim-Schwarzenberg, ab 1511 aber nur als Lehen der Markgrafen von Ansbach. Zu Beginn des 16. Jahrhunderts wurde die Burg unter Johann von Seinsheim-Schwarzenberg neu errichtet und zu einer gewaltigen Festung ausgebaut. Aus dieser Zeit stammen die noch vorhandenen Kasematten. Im Bauernkrieg brachte man die Geschütze zur Verteidigung auf die Burg Schwarzenberg. Dadurch konnten die Bauern die Burg Hohenlandsberg einnehmen, zerstörten diese jedoch nicht. Durch die Ächtung Friedrichs von Schwarzenberg kam sie dann an Markgraf Albrecht Alcibiades. Im zweiten Markgrafenkrieg nahmen seine Gegner, die Bischöfe von Würzburg und Bamberg, sowie die Reichsstädte Windsheim und Nürnberg im April 1554 die Burg ein und zerstörten sie.

Bullenheimer Berg und Kapellberg

Diese beiden Erhebungen bilden den westlichen Ausläufer des südlichen Steigerwaldes. Beide sind etwa 455 Meter hoch und durch eine Hochfläche miteinander verbunden, sodass oft auch der gesamte Tafelberg als Bullenheimer Berg bezeichnet wird. Auf der Hochfläche befindet sich ein Aussichtsturm, ferner sind noch Wallreste vorhanden. Der durch eine Senke von den benachbarten Bergen bereits etwas abgetrennte Tafelberg bot eine günstige Möglichkeit zur Verteidigung. Zahlreiche Funde weisen auf vorgeschichtliche Besiedlung hin. Eine besondere Bedeutung hatte er in der Urnenfelderzeit 1200 – 750 v. Chr. während der keltischen Besiedlung. Am Westhang des Bullenheimer Berges befindet sich eine Kapellenruine aus der Zeit um 1500, deren Ursprünge im 11. Jahrhundert liegen.

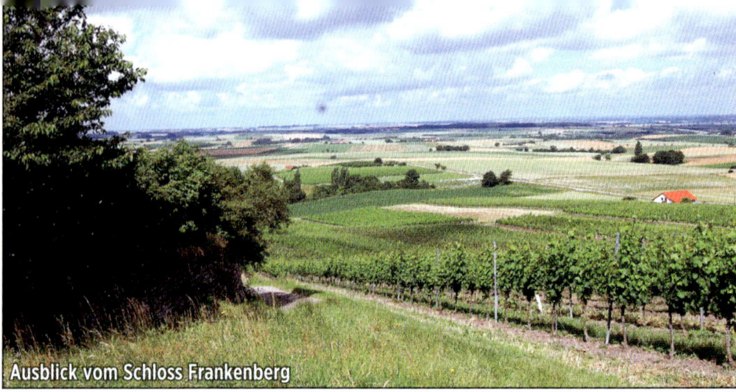

Ausblick vom Schloss Frankenberg

AUSFLUG Hier linkshaltend können Sie den Hohen Landsberg auf einem ca. 250 m langen Pfad besteigen.

Hoher Landsberg

Burgruine Hohenlandsberg. Neben der erkennbaren Gestalt der Burg aus dem 13. Jh. lassen sich noch verschiedene Gemäuer und ein Burggang besichtigen.

Auf der Hauptroute wandern Sie auf breitem Weg am Berghang entlang ~ geradeaus weiter zur **Lichtung Langer Grund**.

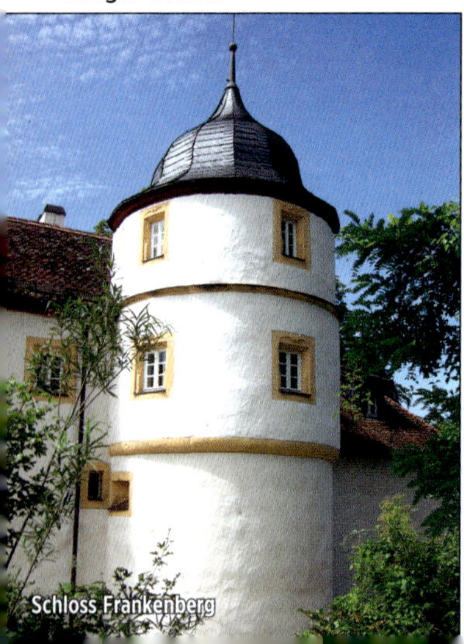

Schloss Frankenberg

AUSSICHT Wenige Meter rechts der Route bietet sich eine schöne Aussicht. Der Blick fällt in den Ehegrund, dahinter liegt der Kühnberg, rechts davon das Aischtal und darüber ist die Frankenhöhe zu sehen.

An einer weiteren Weggabelung geradeaus.

7 8,3 (460) An der querenden Forststraße rechts ~ nach gut 200 m dem Linksbogen folgen ~ oberhalb des Dianawäldchens zu einer Wegekreuzung.

8 9,3 (470) Am **Roten Buck** weiter Richtung Schloss Frankenberg ~ nach rund 1 km am Abzweig geradeaus.

AUSFLUG Wenn Sie sich hier rechts halten, können Sie in rund 500 m den Scheinberg erklimmen, den höchsten Berg des Steigerwaldes. Allerdings bietet sich selbst bei unbelaubtem Zustand leider nur eine beschränkte Aussicht.

Scheinberg

9 11,1 (450) Nach 700 m an der Weggabelung links abzweigen ~ Sie erreichen das Schloss Frankenberg, wo sich auch einkehren lässt.

Schloss Frankenberg (Ippesheim)

Vorwahl: 09339

Schloss Frankenberg, Schloss Frankenberg 1, ✆ 1444, ✆ 97140. Das heutige

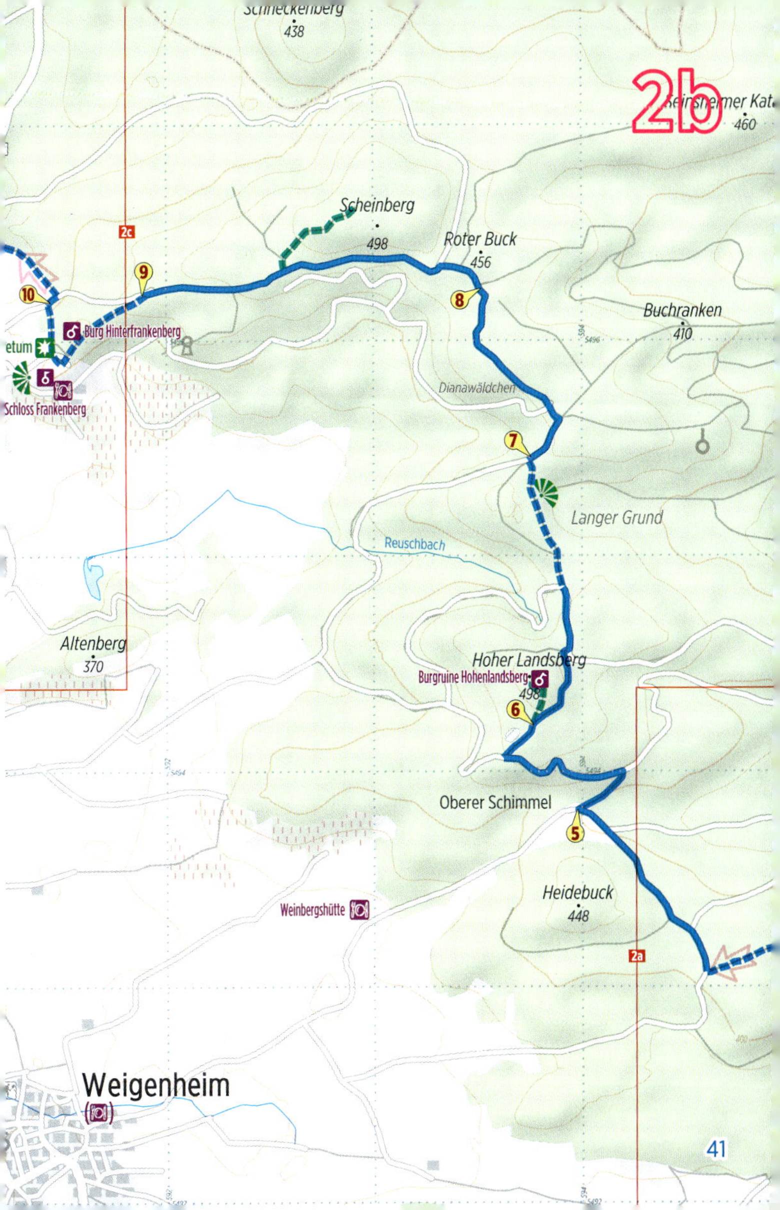

2b
Schneckenberg
438
Seinsheimer Kat.
460
Scheinberg
498
Roter Buck
456
Buchranken
410
2c
Burg Hinterfrankenberg
Schloss Frankenberg
Dianawäldchen
Langer Grund
Reuschbach
Altenberg
370
Hoher Landsberg
Burgruine Hohenlandsberg
498
Oberer Schimmel
Heidebuck
448
Weinbergshütte
2a
Weigenheim

Schloss auf dem Frankenberg, einer der reizvollsten Stellen im Steigerwald, stammt aus dem 16. Jh., der Innenausbau erfolgte im 18. Jh. Dicht beim Schloss befindet sich die Schlosskapelle. Anfang der 2020er Jahre wegen umfänglicher Bauarbeiten nicht zugänglich. @ exy236

Burg Hinterfrankenberg. Die Burg wurde um 1200 durch das Bistum Würzburg zum Schutz seiner hier gelegenen Besitztümer errichtet. Im 15. Jh. brannte sie ab, wurde wieder erbaut und dann im ersten Markgrafenkrieg zerstört.

Arboretum. Mitten durch den lichten Hain zwischen Vorder- und Hinterfrankenberg führt der Steigerwald-Panoramaweg. Neben einheimischen Bäumen findet man auch Raritäten wie z. B. einen Ginkgobaum, den 1815 J. W. v. Goethe mitgebracht haben soll. Der Ginkgo gehört zu einer Gruppe von Bäumen, die in der Tertiärzeit auf allen Kontinenten vorkam, heute nur noch durch den Ginkgobaum in Ostasien vertreten ist. Man erkennt ihn an seinen rautenförmigen Blättern, die sich im Herbst prächtig gelb färben.

Schloss Frankenberg, Schloss Frankenberg 1, ✆ 1444

Der Frankenberg ragt wie ein Sporn im Südwesten aus dem südlichen Steigerwald in die Uffenheimer Gäulandschaft und ist von Weinbergen umgeben. Auf einem schmalen Sockel aus Schilfsandstein finden Wanderer heute die Ruine Hinterfrankenberg und das Schloss Vorderfrankenberg.

AUSSICHT Von der Terrasse des Schlosses hat man eine wunderbare Aussicht auf das Gäuland und bis zur Frankenhöhe.

Der weitere Weg verläuft vor dem Schlosseingang rechts auf schmalem Pfad ⁓ dann auf einem Hohlweg, wo Türkenbundlilien zu finden sind, abwärts.

10 12,0 (395) Unten am breiten Weg wenige Meter nach rechts, dann links am Waldrand entlang ⁓ weiter durch den Wald ⁓ die **Straße NEA 42** queren und weiter abwärts ⁓ an

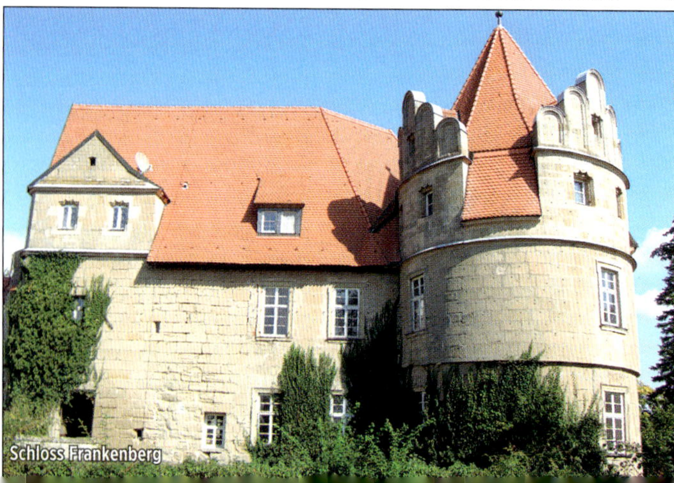

Schloss Frankenberg

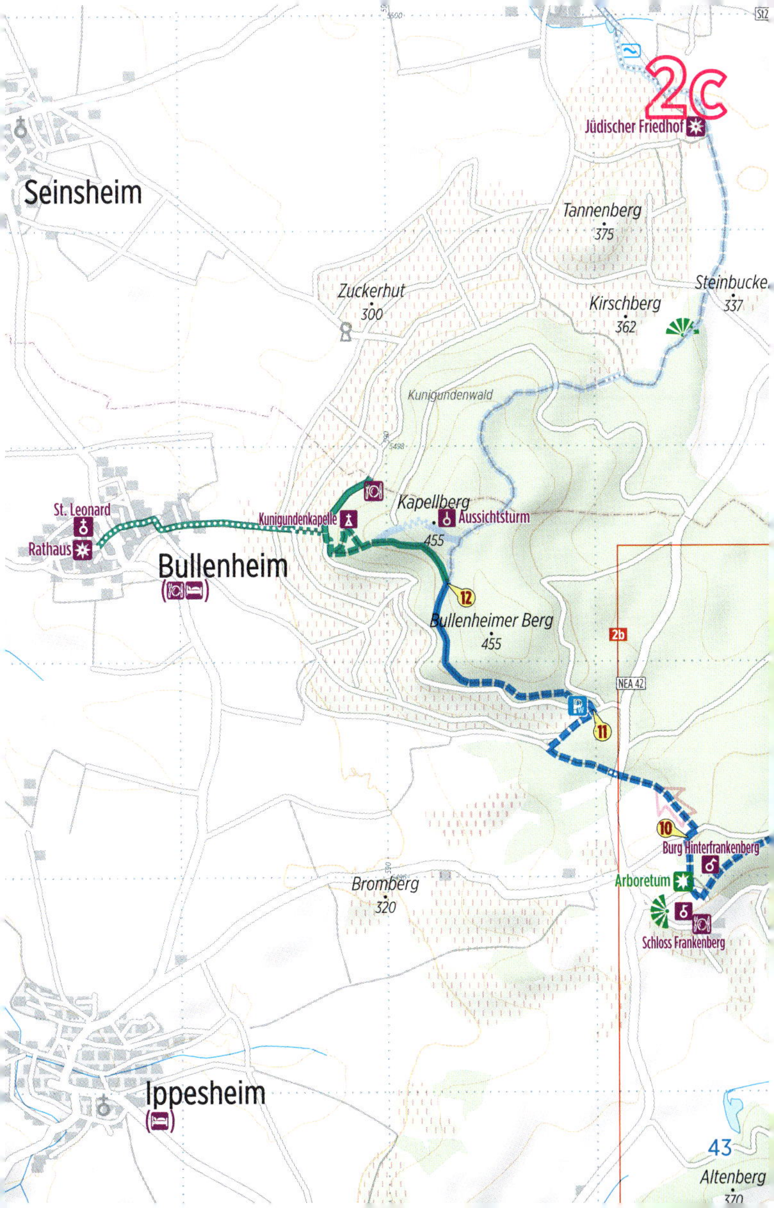

2c
Jüdischer Friedhof
Seinsheim
Tannenberg
375
Zuckerhut
300
Kirschberg
362
Steinbucke
337
Kunigundenwald
St. Leonard
Rathaus
Kunigundenkapelle
Kapellberg
455
Aussichtsturm
Bullenheim
12
Bullenheimer Berg
455
2b
NEA 42
11
10
Burg Hinterfrankenberg
Arboretum
Schloss Frankenberg
Bromberg
320
Ippesheim
43
Altenberg
370

einem Trockenrasen vorbei, auf dem im Herbst der Gefranste-Enzian blüht, bis an den Rand eines Weinberges (Hutteneiche) ⤳ rechts aufwärts, am Weinberg entlang.

11 13,1 (385) Beim **Parkplatz** links, dem Wegweiser Richtung Bullenheimer Berg folgend ⤳ vorbei an einem Steinbruch im Schilfsandstein.

12 14,3 (440) An der Weggabelung haben Sie das Ende dieser Etappe erreicht.

INS ZENTRUM Wollen Sie zum Etappenort Bullenheim, halten Sie sich hier links, in knapp 2 km erreichen Sie den Ort. Der nächste Übernachtungsort direkt an der Route wäre das gut 4 km entfernte Hüttenheim.

Zuweg nach Bullenheim 2 km

Links dem Wegweiser Richtung Kunigundenkapelle folgen ⤳ an der Gabelung nicht links in Richtung Parkplatz, sondern geradeaus abwärts an den Rand des Weinberges.

TIPP Auf diesem Weg bietet sich ein kurzer Extrahaken zur Ruine der Kunigundenkapelle an.

Kunigundenkapelle (Ruine). Benannt nach ihrer sagenhaften Stifterin, der Hl. Kunigunde, wurde hier zunächst eine Holzkapelle erbaut, aus der um 1500 der heutige Steinbau entstanden ist.

Nach Bullenheim geht es rechts zu einem **Häuschen**, wo eine Treppe beginnt.

AUSFLUG Wenn Sie dem Fahrweg noch ein paar Minuten folgen, kommen Sie zur Weinparadiesscheune mit ihrer schönen Aussicht.

Weinparadiesscheune, Weinparadiesscheune 1, ✆ 09339/989680 , @ mgo876

Auf der Hauptroute steigen Sie mit der Markierung Rundweg Bullenheim auf der Winzertreppe hinab durch den Weinberg ⤳ weiter bis zum Ortsrand von Bullenheim ⤳ laut Markierung des Kunigundenweges wenige Meter nach rechts, dann links in Richtung Ortsmitte ⤳ Sie erreichen das Rathaus, wo sich auch die Bushaltestelle befindet.

Bullenheim (Ippesheim)

Vorwahl: 09339

St. Leonard. Die Kirche geht auf das 13. Jh. zurück und basiert auf Resten der spätmittelalterlichen Befestigung. Im Inneren befindet sich ein Epitaph aus Sandstein aus der Zeit um 1600.

Aussichtsturm. Der Turm steht auf einer Höhe von 455 m auf dem Bullenheimer Berg. @ aca664

Fachwerk-Rathaus. Das Haus aus dem Jahre 1583 zeigt die typisch fränkische Handwerkskunst seiner Zeit. Mit zwei Sandsteinwappen.

Rebsortenlehrpfad, ✆ 342. Der mit Unterstellhütten ausgestattete Wein-Wald-Kultur-Lehrpfad hält allerhand Wissen über Rebsorten bereit. Am Weg liegen auch der Bullenheimer Aussichtsturm und die Ruine der Kunigundenkapelle. @ lsp263

Winzerstube und Gästehaus Dürr, Bullenheim 73, ✆ 1436, Sa, So/Fei ab 14 Uhr, @ woq385

Häckerscheune Volkamer, Bullenheim 137, ✆ 1001, Do 14-21 Uhr, Fr-So, Fei 11.30-21 Uhr, @ ccy113

Johannesstuben, Bullenheim 157, ✆ 407, Sept.-Juni, Sa, So/Fei ab 11 Uhr, @ cgl874

Etappe 3 19,5 km

Bullenheimer Berg - Iphofen

Start: Bullenheim, Bullenheimer Berg
Ziel: Iphofen, Rödelseer Tor
Aufstieg: 199 m
Abstieg: 382 m
Gehzeit: 5 - 6 Std.
Hartbelag: 25 %
Wanderwege: 40 %
Wanderpfade: 35 %

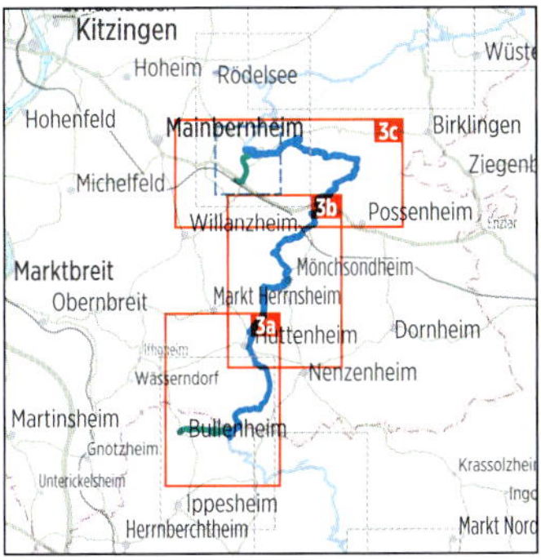

Über den Bullenheimer Berg

Von Bullenheim kommend gelangen Sie auf aussichtsreichem Weg zunächst durch Weinberge und Wald auf den Kapellberg, wo wieder der Panoramaweg erreicht wird, unterwegs lohnt ein Abstecher zur Kapellenruine aus der Zeit um 1500. Nach einem Plateau, auf dem einst die Kelten gesiedelt haben, wandern Sie durch den Kunigundenwald. Nun folgt eine vielfältige Landschaft: Weinlagen, kleine Gehölze, Ackerland und Wiesen wechseln einander ab und bieten schöne Ausblicke. Der folgende Ort Hüttenheim bietet nicht nur eine Kneippanlage, sondern besitzt auch eine der größten Kirchenburganlagen Süddeutsch-

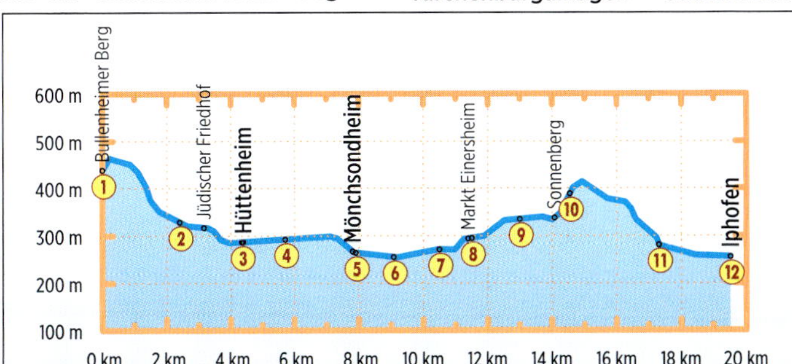

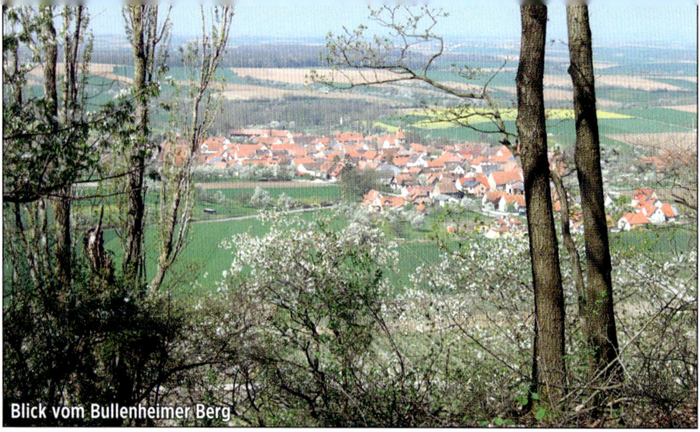

lands. Nach Einersheim geleiten Sie Weinberge wieder hinauf in den Wald des Vogelsangberges, bevor Sie an einem Bach entlang nach Iphofen wandern, einem der bekanntesten Weinorte Frankens.

Bullenheim

EINSTIEG Die folgende Wegbeschreibung führt Sie auf knapp 2 km von Bullenheim zurück zum Steigerwald-Panoramaweg.

Zuweg zur Hauptroute 2 km

Vom Rathaus über die **Hauptstraße** ~ weiter Richtung Weinberg an den Ortsrand ~ wenige Meter nach rechts, dann links, laut Rundweg Bullenheim, auf einen Wirtschaftsweg ~ teilweise über Treppen hinauf durch den Weinberg ~ an einem **Häuschen** zunächst wenige Meter nach rechts, dann links durch eine Pforte ~ nun steil bergauf.

TIPP Hier bietet sich ein kurzer Abstecher nach links zur Ruine der Kunigundenkapelle an.

Weiter Richtung Osten bergauf bis zu einer Weggabelung.

VARIANTE Linkshaltend können Sie alternativ über den Aussichtsturm zur Hauptroute gelangen, die Sie etwas nördlich von Wegpunkt 1 erreichen.

Kapellberg

Bullenheimer Aussichtsturm. An Sonn- und Feiertagen kann der Turm von 13-17 Uhr bestiegen werden.

An der Gabelung rechtshaltend Richtung Nenzenheim zum Panoramaweg.

1 0,0 (440) Auf dem Panoramaweg wandern Sie nun Richtung Hüttenheim ~ vorbei an der Abzweigung zum Aussichtsturm, wo die Variante einmündet.

TIPP In 300 m erreichen Sie den Aussichtsturm, der von Karfreitag bis einschließlich Allerheiligen an Sonn- und Feiertagen von 13 Uhr bis 17 Uhr geöffnet ist.

Weiter durch den Kunigundenwald ~ nach einem Fahrweg weiter an den Waldrand.

TIPP Etwa 10 m links der Route sehen Sie einen Aufschluss in den Estherienschichten.

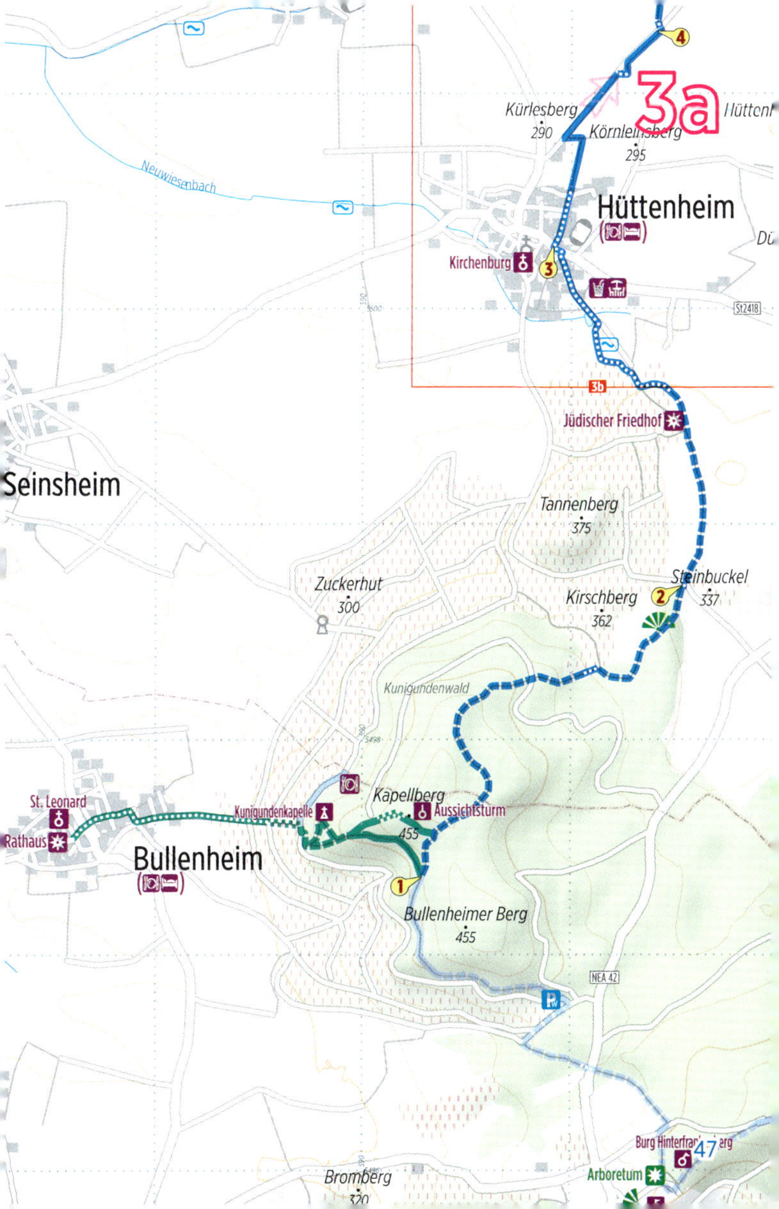

3a
Kürlesberg
290
Körnleinsberg
295
Hüttenh
Hüttenheim
Dü
Kirchenburg
Neuwiesenbach
St2418
3b
Jüdischer Friedhof
Seinsheim
Tannenberg
375
Zuckerhut
300
Steinbuckel
337
Kirschberg
362
Kunigundenwald
Kapellberg
455
St. Leonard
Rathaus
Kunigundenkapelle
Aussichtsturm
Bullenheim
Bullenheimer Berg
455
NEA 42
Burg Hinterfrankenberg
47
Arboretum
Bromberg
320

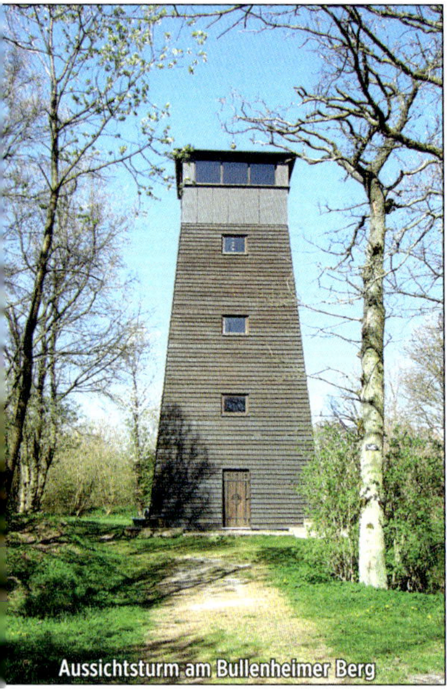

Aussichtsturm am Bullenheimer Berg

Weiter am Weinberg entlang abwärts mit Blick zum Iffigheimer Berg mit Turm ⇝ wieder an den Waldrand.

AUSSICHT Hier hat man – von links nach rechts – Aussicht zum Schwanberg, nach Markt Einersheim, zum Schlossberg, zum Friedrichsberg mit Sendeturm in der Ferne und zum Rossberg.

Nochmals führt die Route durch Wald.

2 2,4 (330) An der Wegekreuzung am **Steinbuckel**, wo sich Kalkmagerrasen mit einer Infotafel befinden, gehen Sie geradeaus.

Trockenrasen

Unterhalb des Tannenberges führt der Panoramaweg an einem Trockenrasen vorbei. Diese sind im Bereich des Gipskeupers noch mehrfach anzutreffen und werden deshalb auch als Kalktrockenrasen oder Kalkmagerrasen bezeichnet. Es handelt sich um trockene und nährstoffarme Lagen, die durch die Beweidung waldfrei gehalten wurden. Zum Erhalt dieser wertvollen Biotope muss Nährstoffeintrag vermieden werden und ist weitere Beweidung oder sind Pflegemaßnahmen erforderlich. Man findet an solchen Standorten z. B. den Gefransten Enzian, die Küchenschelle, Silberdisteln, Orchideen, den Schwalbenschwanz, dazu Wildbienen und die Zebraspinne.

Vorbei an artenreichen Hecken, die besonders im Spätsommer und Herbst mit ihren bunten Früchten auffallen ⇝ Sie erreichen einen Fahrweg, der zu einem Weiher und einer Kneippanlage führt ⇝ weiter auf einer Nebenstraße bis an den Ortsrand von Hüttenheim.

TIPP Am Bienenhof Keil gibt es einen Regiomaten, einen mit zahlreichen regionalen Produkten bestückten Rastplatz, der sich gut für eine Pause eignet.

Zur **St 2418** und an dieser links.

3 4,3 (285) Nach wenigen Metern die **St 2418** nach rechts verlassen, geradeaus ginge es ins Ortszentrum.

Hüttenheim (Willanzheim)

Vorwahl: 09326

Spätmittelalterliche Kirchenburg. Mit ihren mächtigen Mauern ist sie eine der größten erhaltenen Gadenkirchenburgen in Franken. Gaden bezieht sich hier auf die angebauten Fachwerkschuppen, die zumeist der Lagerung von Vorräten dienten. Auffällig sind die vielen Kellerhälse genannten Kelleraufgänge. Das Rathaus wurde seinerzeit direkt vor die Anlage gebaut. Regelmäßig finden hier alljährliche Veranstaltungen wie z. B. der Kirchenburgmarkt oder das Kirchenburgweinfest statt.

Jüdischer Friedhof. Auf dem Friedhof unterhalb des Tannenberges befinden sich knapp 500 Gräber.

Sehenswerte Häuser im Ortskern. Ehemaliger Ebracher Schultheißenhof (Nr. 18), früheres Schwarzenberger Amtshaus (Nr. 97).

Landgasthof May, Hüttenheim 6, ✆ 255, Fr-Di, @ ehr163

Rabensteins Burggasthaus, Hüttenheim 13, ✆ 979215, Do-So, @ eda355

Am Gemeindehaus vorbei ⁓ einen Fahrweg queren ⁓ links zur **Straße Hüttenheim/Mönchsondheim** und dort rechts abbiegen auf den straßenbegleitenden Rad- und Fußweg ⁓ in einem kleinen Schlenker um eine Baumgruppe herum.

4 5,7 (290) Nach gut 200 m die Straße überqueren ⁓ für knapp 1 km über Ackerland ⁓ einen breiten Weg queren, wenig später rechts abbiegen ⁓ nach einem **Wasserbehälter** den breiten Weg nach links verlassen ⁓ Sie erreichen Mönchsondheim ⁓ hier zunächst rechts, dann links an der **Kirchenburg** vorbei.

Mönchsondheim (Iphofen)

Vorwahl: 09326

Freilandmuseum Kirchburgmuseum, Kirchstr. 7, ✆ 1224 Das Besondere an diesem Freilandmuseum ist, dass alle zugehörigen Gebäude inkl. der Kirchenburg an ihrem Originalstandort stehen. Themen der zahlreichen Dauerausstellungen sind u. a. Das mainfränkische Dorf, Dörfliches Handwerk und Landwirtschaftliche Geräte. Regelmäßig finden Feste statt. @ hgd234

Museumsschänke Goldene Krone, Hauptstr. 11, ✆ 1224. 2021 wegen Renovierung geschlossen. @ mrb255

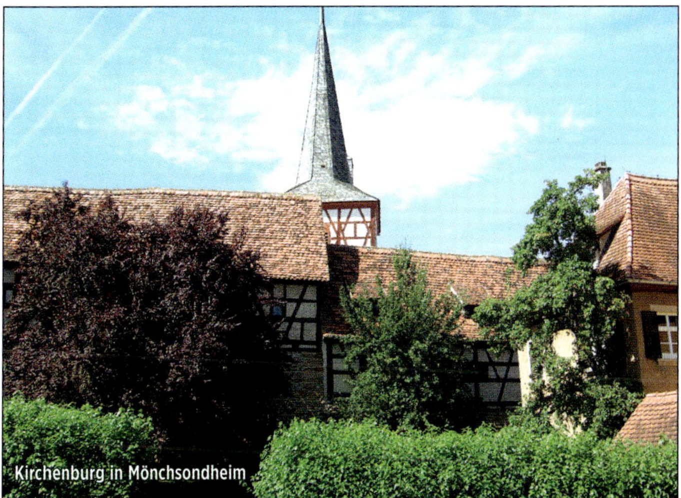

Kirchenburg in Mönchsondheim

Im Museumsdorf Mönchsondheim findet man in der Kirchenburg (15. bis 18. Jahrhundert) die Pfarrkirche von 1688, eine Handwerkerabteilung, Landwirtschafts- und Weinbauabteilung sowie eine Kirchenburgschenke. Außerhalb der Kirchenburg – doch unmittelbar daneben – stehen das Schulhaus mit Lehrerwohnung von 1927 und das ehemalige Mesnerhaus mit einer Trachtenausstellung. An der Hauptstraße befinden sich das Rathaus und weitere Gebäude aus vergangenen Jahrhunderten.

5 7,9 (265) An der **Hauptstraße** links auf die **Iphöfer Straße** und durch den Ort ⤳ vor dem Ortsende rechts abbiegen und über den Breitbach zu einem Weg, der talabwärts führt.

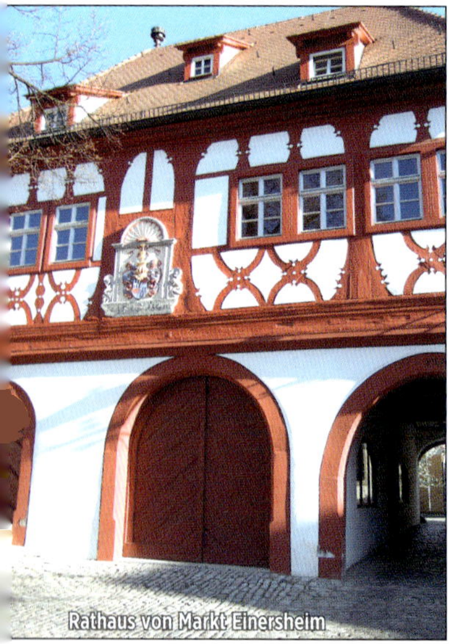

Rathaus von Markt Einersheim

Breitbach

Der Breitbach hat sich wegen seines großen Gefälles tief eingeschnitten – seine Wasserkraft konnte dadurch für Mühlen gut genutzt werden. Häufige Überschwemmungen schädigten die Heuernte und gefährdeten das weidende Vieh.

6 9,1 (255) Rechts ins **Moorseebachtal** ⤳ an Weihern, der **Steinmühle** und am **Schwimmbad** vorbei.

7 10,5 (270) Unter der **Bahnbrücke** hindurch ⤳ kurz entlang der **KT 1**, dann nach wenigen Metern links steil hoch ⤳ im Ort weiter auf dem **Schießmauerweg** ⤳ an der **Bahnhofstraße** rechts.

8 11,5 (295) Durch den **Torturm** und über den **Marktplatz**.

Markt Einersheim

Vorwahl: 09326

- **Kirchenburganlage**, Marktpl. In die Anlage integriert sind das Rathaus und die ev. Kirche. Hier sind die Kanzel, der Taufstein und die Grabdenkmäler sehenswert.
- **Schloss**, Marktpl. Das Schloss von 1685 war Sitz der Schenken von Limpurg-Speckfeld und späteren Grafen Rechteren-Limpurg-Speckfeld. Zur Straße hin wurde die Anlage im 19. Jh. durch einen neugotischen Stirnbau ergänzt. Heute befindet sich das Schloss im Besitz der Familie Knauf.
- **Nürnberger und Würzburger Torturm**. Die Türme sind Reste der einstigen Ortsbefestigung.
- **Rotes Ross**, Von-Rechteren-Limpurg-Str. 20, ✆ 282, Di-So, Fei, @ hus727

Nach einem weiteren Torturm links und gleich weiter auf dem Pfad ⤳ nach Querung der **B 8** zunächst links

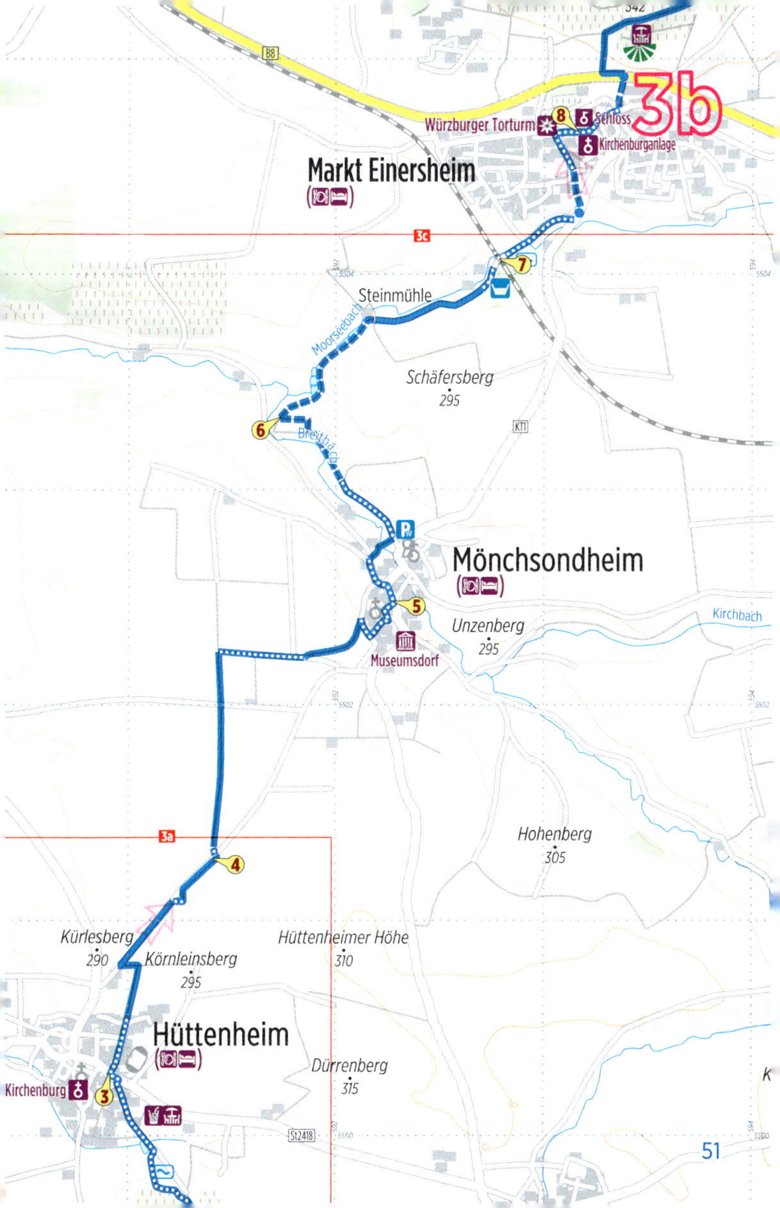
3b
Würzburger Torturm
8
Schloss
Kirchenburganlage
Markt Einersheim
B8
3c
7
Steinmühle
Moorseebach
Schäfersberg
295
KT1
6
Breitbach
Mönchsondheim
5
Unzenberg
295
Kirchbach
Museumsdorf
3a
4
Hohenberg
305
Kürlesberg
290
Körnleinsberg
295
Hüttenheimer Höhe
310
Hüttenheim
Dürrenberg
315
Kirchenburg
3
St2418

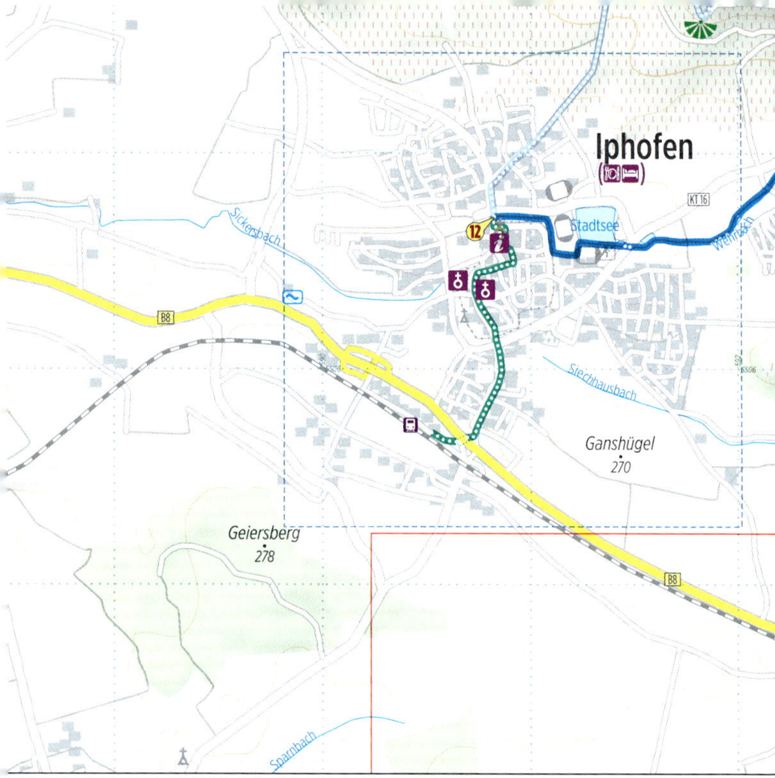

↝ nach gut 100 m rechts aufwärts ↝ an einer weiteren Abbiegung rechts an den Rand eines Wäldchens.

AUSSICHT Ein kurzer Abstecher nach rechts führt auf einem Pfad zum Aussichtspunkt am Rastplatz Wengertshäusla. Der Blick fällt auf Markt Einersheim, dahinter sehen Sie (von rechts nach links) den Bullenheimer Berg, den Scheinberg und den Iffigheimer Berg.

9 13,0 (335) An der T-Kreuzung links abbiegen ↝ an Weinbergen vorbei zum Sonnenberg ↝ weiter Richtung Norden durch einen Talgrund aufwärts.

10 14,6 (390) Am Waldrand links abbiegen ↝ weiter in den Wald zur **Beckahanseiche** mit **Rastplatz** ↝ nun wandern Sie um den Kalbberg herum ↝ am Waldrand befindet sich wieder ein **Rastplatz** mit Blick auf Iphofen und seine Weinlagen ↝ rechts neben dem Weinberg abwärts ins Wehrbachtal.

11 17,3 (280) Am See biegen Sie links ab ins **Wehrbachtal** und wandern rechts des Baches ↝ weiter an

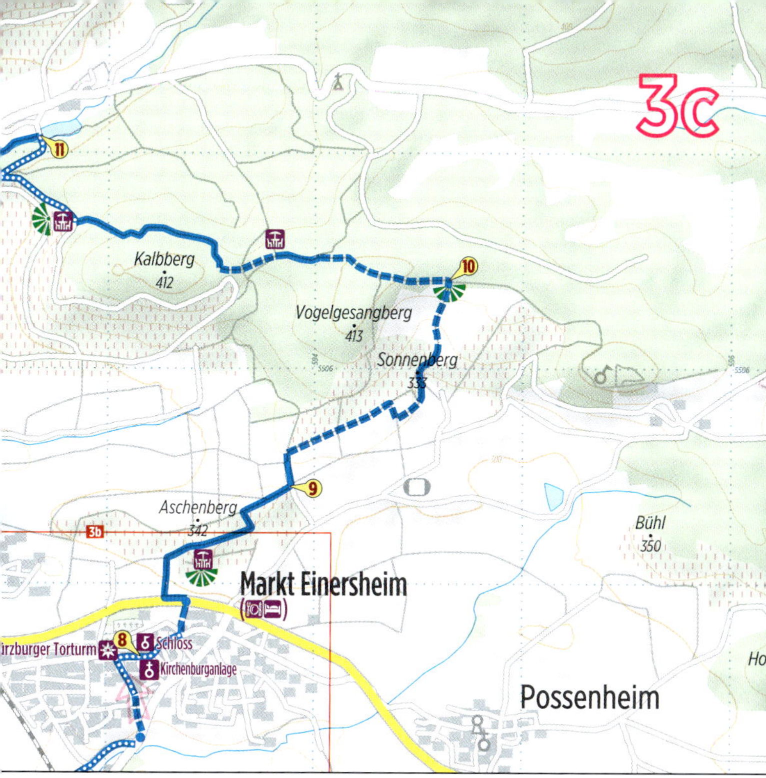

der **Iphöfer Freizeitanlage** mit Weiher und einer Kneippanlage vorbei ⇝ die **KT 16** queren, dann am Stadtsee und dem **Sportplatz** vorbei ⇝ beim **Herrengraben** auf dem Wall rechts ⇝ am Ende des Sportplatzes links folgen.

12 19,5 (255) Beim **Rödelseer Tor** am Rand der Iphöfer Altstadt haben Sie das Etappenende erreicht.

INS ZENTRUM Links kommen Sie durch das Rödelseer Tor in die Altstadt und zum Bahnhof (1,5 km). Durch das **Mittagstor** auf der **Pfarrgasse** an der **Kirche St. Veit** und der **Michaelskapelle** vorbei ⇝ nach dem neuen Dienstleistungszentrum links zum barocken Rathaus ⇝ über den **Marktplatz** ⇝ am Knauf-Museum vorbei ⇝ auf der **Maxstraße** zum **Julius-Echter-Platz** ⇝ weiter auf der **Bahnhofstraße** ⇝ mittels Unterführung unter der B 8 hindurch und zum Bahnhof.

Iphofen

Iphofen

Vorwahl: 09323

Tourist-Information, Kirchpl. 1, ✆ 870306, @ rls454

Knauf-Museum, Am Marktplatz, ✆ 31528 Im Privatmuseum des Gipsfabrikanten Knauf sind mehr als 200 Gipsabgüsse berühmter Meisterwerke der Plastik und Reliefkunst großer Museen aus aller Welt zu sehen. @ uxs485

Pfarrkiche St. Veit, Kirchpl. 3. Nach 200 Jahren Bauzeit wurde die Kirche Anfang des 17. Jhs. fertiggestellt. Im Inneren finden Sie u. a. eine Statue des Evangelisten Johannes von Tilmann Riemenschneider und die aus Lindenholz geschnitzte „Schöne Madonna von Iphofen".

Michaelskapelle. Die Kapelle aus dem 14. Jh. ist der älteste Sakralbau der Stadt.

Türme der Stadtmauer. Alte, gut erhaltene Türme findet man um die gesamte Altstadt: Mittagsturm, Bürgerturm, Eulenturm, Henkersturm, Zentturm.

Barockes Rathaus, Marktpl. Das Gebäude aus dem Jahre 1716 verfügt über ein prachtvolles Palais mit doppelläufiger Treppe und kunstvollem Wasserspeier.

Einersheimer Tor, Lange Gasse. Das Tor am östlichen Eingang der Stadt verfügt über eine Pechnase, mittels der siedendes Pech gegen Angreifer eingesetzt werden konnte.

Iphöfer Winzerfest, ✆ 0174/5471333. Das Fest findet jeweils am 2. Wochenende im Juli statt. @ xns662

Marienbrunnen, Marktplatz. Brunnen mit barocker Marienfigur.

Rödelseer Tor. Das Wahrzeichen der Stadt mit seinem schönen Fachwerk und dem Turm aus Hohlziegeln ist das älteste noch erhaltene Stadttor Iphofens.

Hallenbad, Boverystr. 2, ✆ 870587, @ owe864

Iphöfer Kammer, Marktpl. 24, ✆ 8772677, Mi-So, @ ldu685

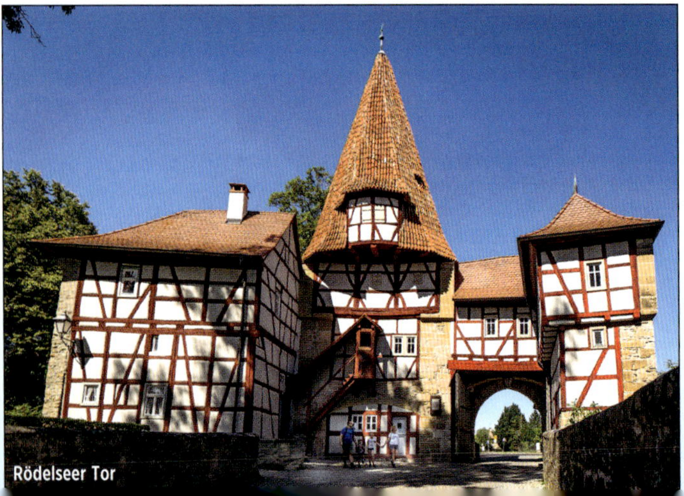

Rödelseer Tor

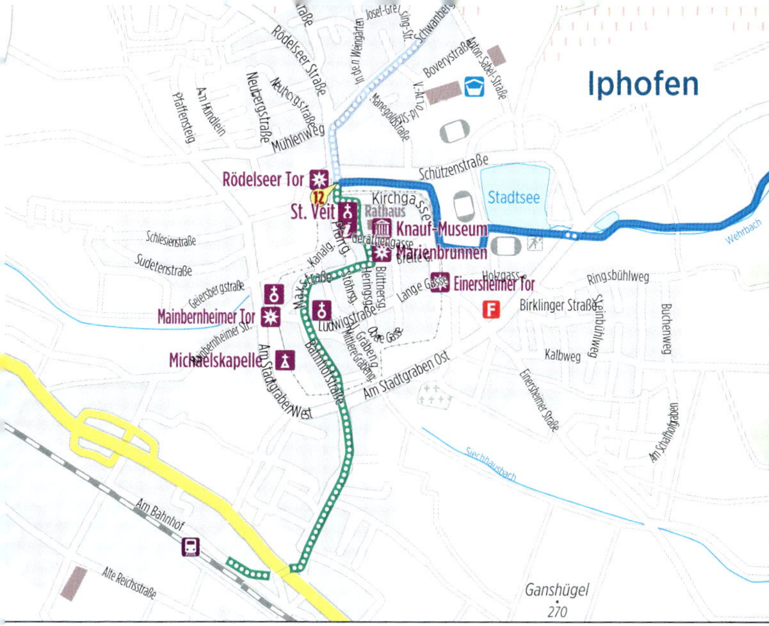

Deutscher Hof, Ludwigstr. 10, ✆ 3348, @ wck658

Goldener Stern, Maxstr. 22, ✆ 3315, @ xke854

Iphofen zählt rund 4.700 Einwohner und ist vor allem durch seinen Weinanbau auch überregional ein Begriff, da eines der bekanntesten Weinbaugebiete Frankens direkt bei Iphofen liegt: die Südseite des Schwanberges. Hier gedeihen durch den Schutz des Waldes und aufgrund der besonderen Lage, die eine intensive Sonneneinstrahlung ermöglicht, wunderbare Weine. Auch die speziellen Böden (mit Gipskeuper) und die große Tradition der Winzer tragen zur bekannten Qualität der Weine bei. Doch nicht nur kulinarisch hat Iphofen etwas Besonderes zu bieten, auch kulturell ist die Stadt eine Attraktion. So sind große Teile der ehemaligen Stadtbefestigung aus dem 14. und 15. Jahrhundert bis heute gut erhalten: mehrere Stadttürme und -tore samt Stadtmauer und historischen Häusern versetzen die Besucher in eine frühere Zeit.

Unweit der Stadt finden sich große Vorkommen von Gipslagerstätten. Diese speziellen Ablagerungen einstiger Wasserflächen bilden heute, viele Jahrtausende später, die Grundlage für einen wichtigen wirtschaftlichen Zweig Iphofens. Seit den 1940er Jahren wird von der Firma Knauf über und unter Tag Gips abgebaut und weiterverarbeitet.

Etappe 4 — 16,4 km

Iphofen - Friedrichsberg

Start: Iphofen, Rödelseer Tor
Ziel: Friedrichsberg bei Abtswind
Aufstieg: 472 m — *Hartbelag:* 19 %
Abstieg: 249 m — *Wanderwege:* 72 %
Gehzeit: 4 - 4,5 Std. — *Wanderpfade:* 10 %

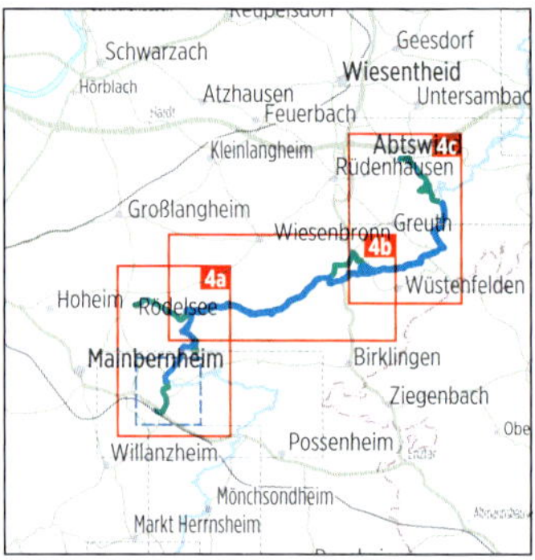

Über den Schwanberg

Der Anstieg von Iphofen zum Schwanberg ist aussichtsreich, erläutert die geologischen Verhältnisse und zeigt die verschiedenen Rebsorten. Auf dem Schwanberg selbst gibt es zwei schöne Aussichtspunkte, ein Schloss mit zugänglichem Park, eine moderne, eindrucksvolle Kirche und einen Keltenwall zu sehen. Dann erreicht man den ländlichen Fürstensitz Castell mit der ehemaligen Grafschaftskirche und dem Barockschloss samt Schlosspark. Nach der Besteigung des Schlossberges mit einem Turm aus der Renaissancezeit sind Sie wieder weitgehend von Wäldern umgeben. Ein Aussichtspunkt und ein Grabhügel aus der Keltenzeit bringen Abwechslung. Der Abstieg ermöglicht einen Abstecher zum Frankenblick, einem besonders guten Aussichtspunkt, von dem aus man vom

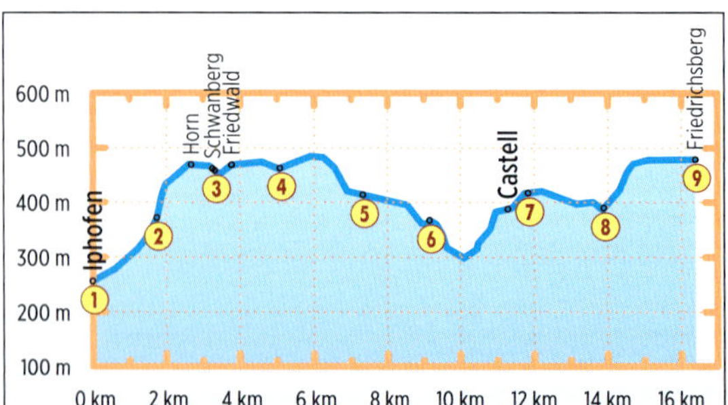

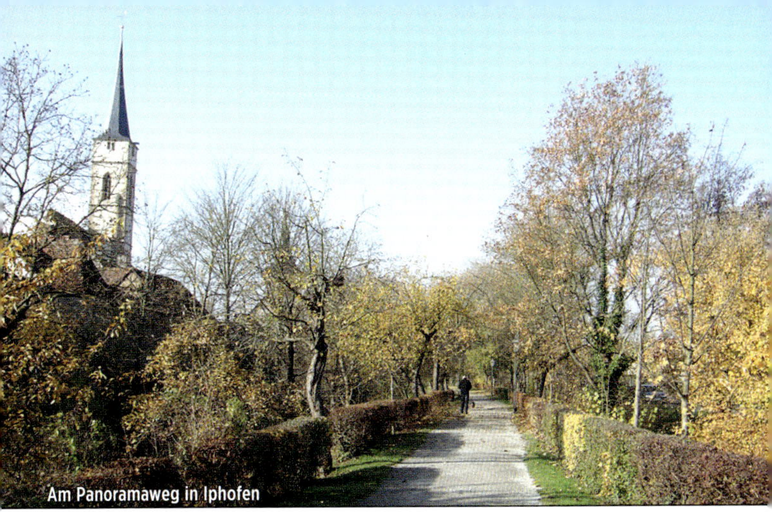

Am Panoramaweg in Iphofen

Schwanberg bis zum nördlichen Steigerwald sehen kann. Vom Ende dieser Etappe führt ein Abstecher in den malerischen Weinort Abtswind.

Iphofen

ANSCHLUSS Vom Bahnhof kommen Sie in 1,5 km über die nachfolgend beschriebene Route wieder zum Steigerwald-Panoramaweg.

Vom **Bahnhof** gehen Sie durch eine Unterführung zur **Bahnhofstraße** und folgen dieser nach links ~ über den Stadtgraben zur Stadtmitte ~ am Hotel Zehntkeller vorbei zum **Julius-Echter-Platz**, dann rechts auf die **Maxstraße** ~ am **Marktplatz** links am Brunnen und Rathaus vorbei ~ hinter der Kirche St. Veit links ~ neben der St. Michaelskapelle über Treppen hinab ~ rechts durch das **Mittagsturmtor**, wo Sie auf den Panoramaweg treffen.

1 0,0 (255) Sie gehen durch das **Rödelseer Tor** und weiter auf der **Rödelseer Straße** ~ rechts abzweigen auf den **Schwanbergweg** ~ bergauf über mehrere Wegekreuzungen hinweg ~ die Route verläuft nun durch die **Iphöfer Weinberge** ~ mit Erläuterungen zu den einzelnen Rebsorten führt der Weg zu einem **Parkplatz**, der unterhalb des Geschichtsweinbergs liegt, unterwegs erkennt man links am Westrand des Schwanberges mit dem Beginn des Waldes deutlich die Stufe des Schilfsandsteines.

2 1,8 (370) Beim **Parkplatz** biegen Sie rechts ab.

VARIANTE Vom Parkplatz am Geschichtsweinberg aus bietet sich eine aussichtsreiche und zudem geologisch sehr interessante Variante an.

Laut dem Wegweiser Richtung „Geotop“ weiter am Hang entlang ~ Sie kommen zunächst an einem Trockenrasen und an einem Aufschluss im Schilfsandstein vorbei.

TIPP An einer Kurve können Sie die Grenze zwischen den Estherienschichten und dem darüber liegenden Schilfsandstein gut erkennen.

AUSSICHT Etwas abseits des Weges, auf der linken Seite, befindet sich ein Aussichtspunkt mit Panoramatafel.

Weiter bergauf dem Wegweiser des Panoramaweges folgen ~ in einer Einmündung erreichen Sie wieder die Hauptroute. Auf der Hauptroute biegen Sie kurz hinter dem Parkplatz links ab ~ Sie wandern steil aufwärts ~ oben an der Straßenkurve erreichen Sie beim **Rastplatz** das Plateau des Schwanbergs und biegen rechts ab.

AUSSICHT Beim Rastplatz Conradseck liegt ein schöner Aussichtspunkt mit Panoramaschaukel und Blick auf Iphofen sowie den Bullenheimer Berg. Wenige Meter daneben befindet sich ein weiterer Aussichtspunkt mit Blick nach Westen auf Rödelsee, Fröhstockheim und Kitzingen.

Einige Meter wandern Sie auf einem Grasstreifen neben der Straße, dann auf einem schmalen Weg zum **Parkplatz** ~ auf einem Fußweg am nächsten **Parkplatz** entlang ~ nach diesem links ~ auf der Straße am einstigen Schwanbergcafé vorbei zur Kirche vor dem Schloss ~ gegenüber der **Kirche** auf Treppen abwärts.

3 3,3 (460) Vorbei am **Schloss**.

ABSTIEG Hier können Sie links in 2,5 km in den Weinort Rödelsee absteigen, indem Sie den Markierungen mit dem blauen Dreieck folgen.

Rödelsee

Vorwahl: 09323

- **Elfleinshäusla**, An den Kirchen 18, ☎ 0151/14559757, Mai-Okt., Sa, So/Fei 14-18 Uhr. Historisches, typisch fränkisches Wohn- und Geschäftshaus, das gut die alte Zeit vermttelt. Mit vollständig eingerichteter Schmiede und Gewölbekeller.
- **Schloss Crailsheim**, Schlossstr. 2, ☎ 3416. Das um 1600 erbaute Schloss ist ein geschütztes Baudenkmal und beherbergt heute die Winzergenossenschaft Franken, die hier einen Winzerkeller hat. @ pxe153
- **Rödelseer Schwan**, Am Buck 1, ☎ 87140, @ xjq643

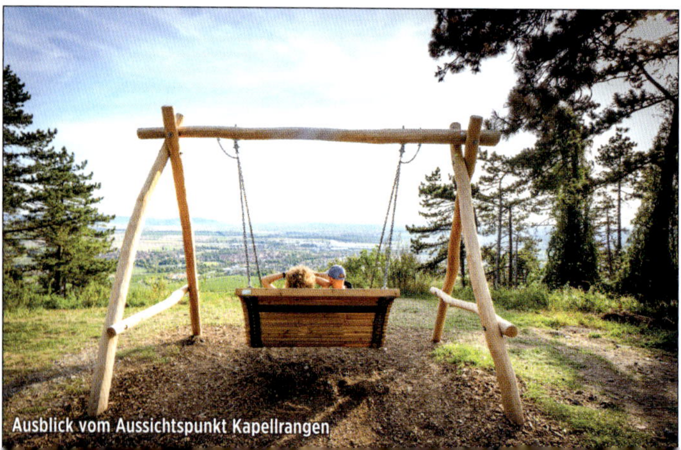
Ausblick vom Aussichtspunkt Kapellrangen

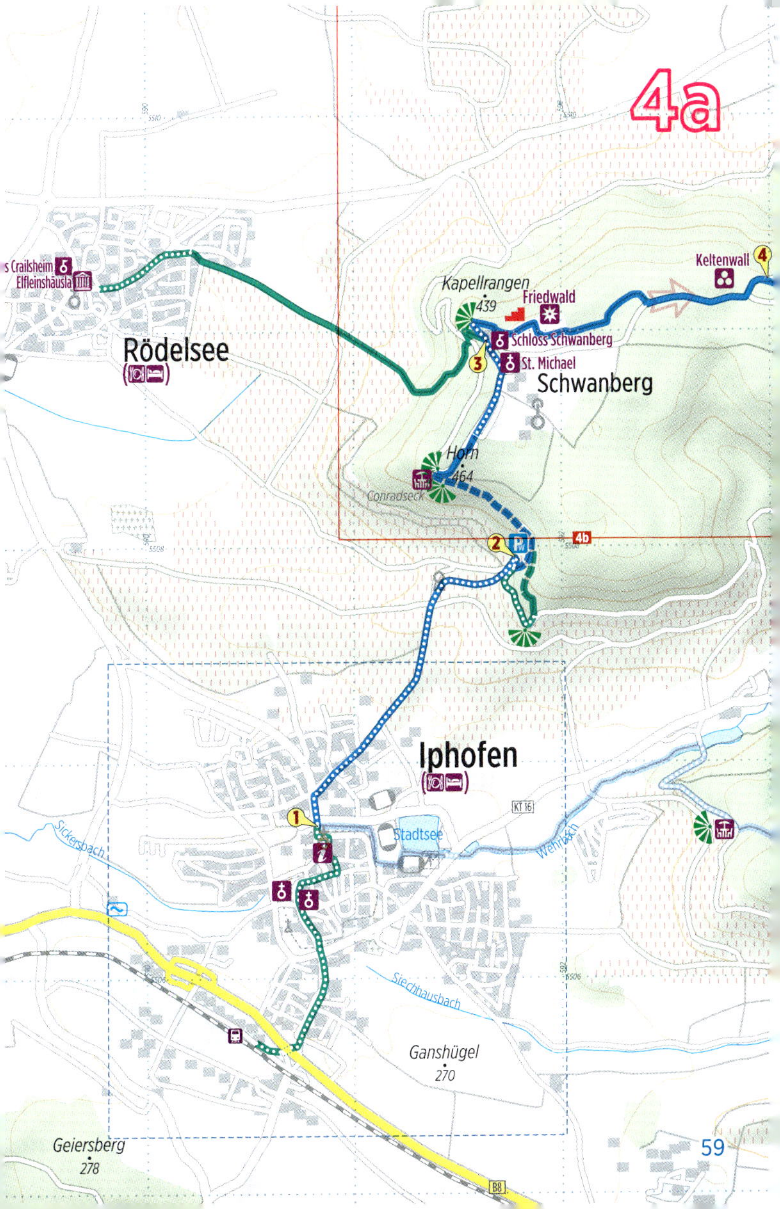
4a
Rödelsee
s Crailsheim
Elfleinshäusla
Kapellrangen
439
Friedwald
Keltenwall
Schloss Schwanberg
St. Michael
Schwanberg
Horn
464
Conradseck
4b
Iphofen
KT 16
Stadtsee
Sickersbach
Wehrbach
Siechhausbach
Ganshügel
270
Geiersberg
278
B8

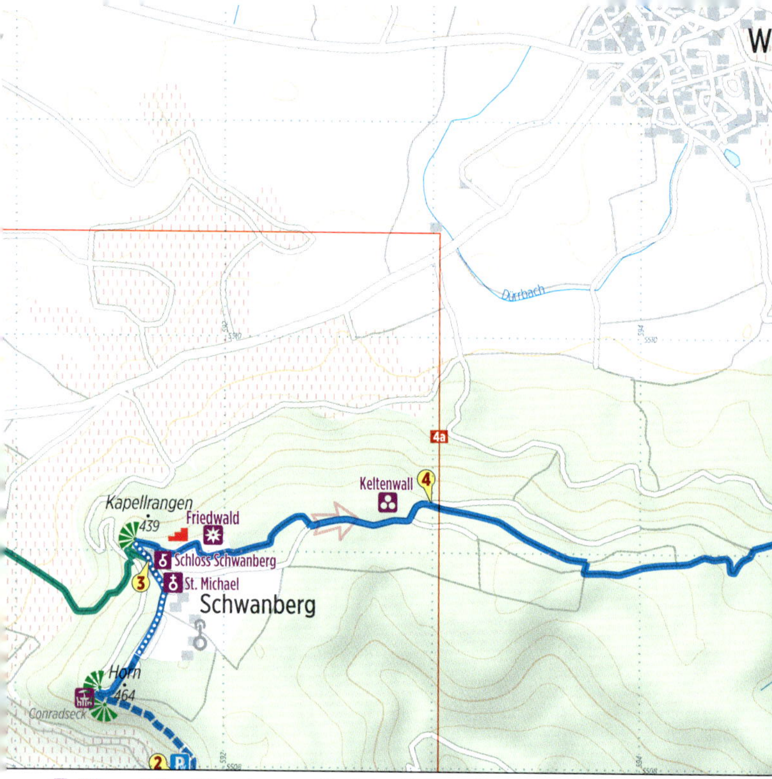

Winzerstube, Wiesenbronner Str. 2-4, ☎ 5222, ⌚ Do-Mo, @ odq775

Löwenhof, An den Kirchen 14, ☎ 876842, ⌚ Di-So 12-22 Uhr, @ hxf786

Auf der Hauptroute gehen Sie geradeaus weiter zum Aussichtspunkt Kapellrangen.

Vom Aussichtspunkt **Kapellrangen** blicken Sie auf den Stufenrand des Steigerwaldes und die mainfränkische Platte.

Am Aussichtspunkt scharf rechts und entlang des Schlossgartens.

Schwanberg (Iphofen)

St. Michaelskirche. Das Werk des renommierten Münchner Architekten von Branca enthält Elemente des Tempelbaus und beeindruckt in seiner schlichten Ausstattung.

Schloss Schwanberg, Landrat-Schad-Str. Im 13. Jh. wird auf dem Schwanberg eine Burg der Würzburger Bischöfe erwähnt, mit der sie ihren Besitz in dieser Gegend schützen wollten. Nach deren Zerstörung im Bauernkrieg sowie im Dreißigjährigen Krieg und dem Wiederaufbau blieb bis in

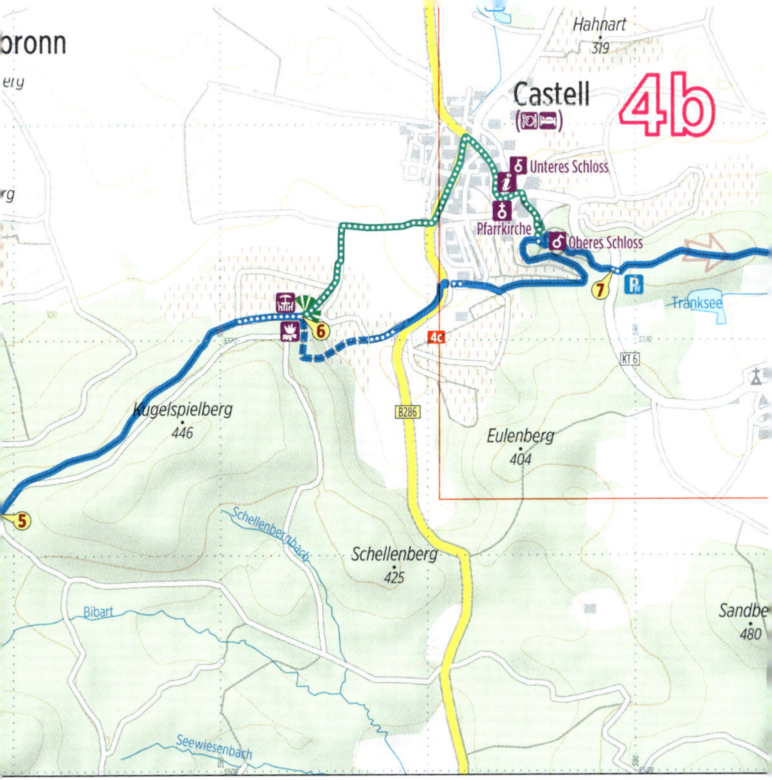

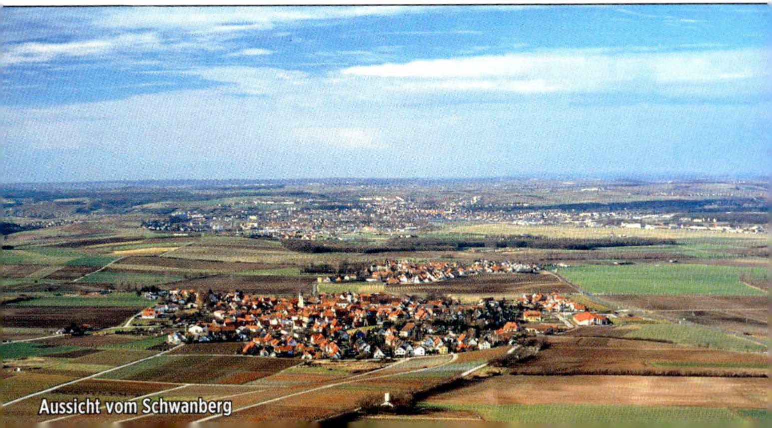

Aussicht vom Schwanberg

die Gegenwart ein Schloss erhalten, von dem nur noch die Buckelquader mittelalterlich sind. 1911 erwarb Graf Alexander zu Castell-Rüdenhausen das Schloss und legte den angrenzenden Schlosspark an.

Friedwald. Im Anschluss an den Schlosspark erstreckt sich ein FriedWald, in dem Urnenbeisetzungen für jedermann möglich sind. Ansprechpartner dafür sind die Schwestern der Communität Casteller Ring (CCR), sie bieten zudem die seelsorgerische Begleitung an. Die CCR ist seit 1950 eine geistliche Gemeinschaft von Frauen in der evangelisch-lutherischen Kirche. Der Tagesablauf der ehelosen Frauen wird durch Gebete und Gottesdienste bestimmt. Daneben werden vielfältige Aufgaben durch sie wahrgenommen. @ ine715

Der Schwanberg als markantester Berg des Steigerwaldes ragt weit in das Mainland nach Westen und ist durch beträchtliche Höhenunterschiede von seiner Umgebung abgegrenzt. Ein etwa 125 Hektar großes Plateau ist auf mehreren Seiten von Hängen umgeben, nur im Osten befindet sich eine Landbrücke von etwa 400 Metern Breite, über die ein guter Zugang möglich ist. Da sich in tonigen Mulden das Wasser staut, eignete sich das Plateau zur Besiedlung in vorgeschichtlicher Zeit und musste nur noch durch eine Befestigung im Osten durch einen Wall gesichert werden. Man fand bei Ausgrabungen Funde aus der Jungsteinzeit und vor allem aus der Urnenfelderzeit. Dadurch nimmt man an, dass sich hier ein keltisches Oppidum (Stadt) befand. Als im frühen Mittelalter Mitteleuropa durch das Reitervolk der Ungarn bedroht war, bot der Schwanberg nochmals Schutz und man verstärkte letztmals die Wallanlage. Ohne Übertreibung kann der auch von Sagen umrankte Schwanberg mit seinen ausgedehnten Wäldern und herrlichen Aussichtspunkten als einer der Höhepunkte des Panoramaweges bezeichnet werden.

Am Nordhang unterhalb des Schlosses entlang ⁓ über Treppen aufwärts in den **Schlosspark** ⁓ vor dem **Neptunbrunnen** links, dann durch eine Allee und am **Mausoleum** vorbei ⁓ nach einem Weiher am breiten Weg links ⁓ nach Querung des **Keltenwalles** an der Weggabelung links und dem Rechtsbogen folgen.

4 5,1 (465) Kurz darauf rechts abzweigen in den Waldweg ⁓ rechts abbiegen, kurz darauf wieder links ⁓ dem leicht kurvigen Wegverlauf folgen ⁓ am querenden breiten Forstweg biegen Sie rechts ab.

5 7,3 (415) An der Kreuzung mit Rastplatz gehen Sie geradeaus ⁓ nach 200 m an der Weggabelung links halten ⁓ weiter bis zum Waldrand.

TIPP: Hier finden Sie neben einem Rast- und Grillplatz auch eine Infotafel und eine prächtige Aussicht auf Castell, Abtswind sowie die Steigerwaldlandstufe vom Casteller Schlossberg über den Friedrichsberg (Sendeturm) und Stollberg.

6 9,2 (365) Wer den Ort Castell nicht besuchen möchte, biegt am Waldrand rechts ab.

VARIANTE: Falls Sie Castell besuchen möchten, halten Sie sich hier links und folgen der Markierung „Keltenweg“ bzw. „roter Löffel“. Der Weg ist in etwa gleich lang.

Variante über Castell

Sie wandern zunächst durch einen Weinberg ⤳ an der Straße links ⤳ beim **Infostand** rechts auf die Straße **Im Unterdorf** ⤳ auf dem „Kniebrecher" und der Straße **Im Oberdorf** zur Kirche.

Castell

Vorwahl: 09325

- **Gemeinde Castell**, Rathauspl. 4, ✆ 60160, ✆ 401, @ sck882
- **Pfarrkirche**, Kirchpl. Die evangelisch-lutherische Pfarrkirche und zugleich Schlosskirche wurde Ende des 18. Jhs. im Markgrafenstil errichtet. Sie enthält einen Kanzelaltar aus Alabaster (Gipsvarietät) und Herrschaftsemporen.
- **Unteres Schloss**, Schlosspl. 5. Die Anlage stammt aus dem 17. Jh., sie wird von der Familie Castell-Castell bewohnt. Im anschließenden Schlosspark findet im Juli alljährlich ein überregional beliebtes Weinfest statt. @ ryx287
- **Oberes Schloss**. Auf dem Schlossberg stand die Stammburg des Hauses Castell. Von dem Renaissancebau aus dem Jahre 1615 ist nur noch der Turm erhalten.
- **Casteller Weingarten**, Schützenhausstr. 1, ✆ 9799330, @ jul616
- **Weinstall**, Schlosspl. 3, ✆ 9809949, ⏲ Mi-So 12-14 und 18-20 Uhr, @ foc521

Am Westrand des Steigerwaldes liegt in malerischer Lage der Fürstensitz Castell. Der kleine Ort mit seiner herausragenden Kirche ist von Weinbergen umgeben. Darüber erstreckt sich ein Saum aus schützendem Wald. Die

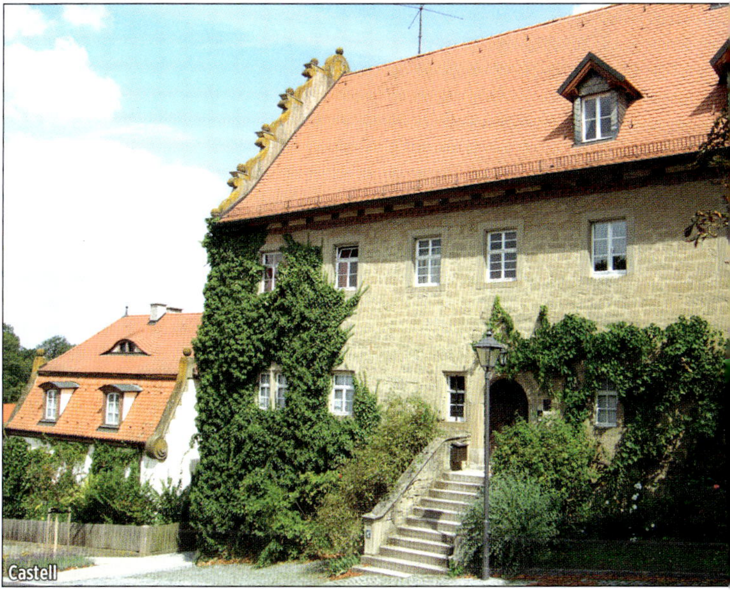
Castell

1.200-jährige Geschichte wurde durch das Haus Castell geprägt. Dieses residierte bis 1803 als reichsunmittelbare Grafschaft, verlor zu diesem Zeitpunkt jedoch durch Napoleon ihre landesherrlichen Rechte. 1901 erhob Prinz Luitpold von Bayern die Grafen zu Castell in den Fürstenstand.

An der Kirche links vorbei und auf dem **Schlossbergweg** aus dem Ort ⤳ weiter auf steilem Pfad zum Sattel zwischen Mahrenberg und Schlossberg, wo wieder der Panoramaweg erreicht wird.

Auf der Hauptroute nach knapp 200 m links abbiegen steil abwärts auf gesichertem Weg am **Ödelbrunnen** vorbei ⤳ weiter am Waldrand ⤳ an der **B 286** links ⤳ auf diesem Weg bis zum Ortsbeginn von Castell ⤳ die Straße queren, dann bald am Weinberg entlang ⤳ nach einer linken Kehre auf aussichtsreichem Weg den Gipfel des **Mahrenberges** umrunden ⤳ Sie erreichen den Schlossberg mit Turm ⤳ nun wandern Sie durch hügeliges Gelände.

7 11,8 (415) Die Straße **KT 6** am **Parkplatz** queren ⤳ weiter durch ein Waldgebiet ⤳ bei Wüstenfelden an einer Lichtung entlang ⤳ es geht nun wieder durch Wald ⤳ unter einer Hochspannungsleitung hindurch ⤳ vorbei an einem **Aussichtspunkt** mit **Hütte** und an **Grabhügeln** aus der Keltenzeit.

8 13,9 (390) Die **St 2421** queren ⤳ es folgen zwei Anstiege ⤳ oben dann links und am Hang entlang.

9 16,4 (480) Noch vor dem Friedrichsberg erreichen Sie eine Wegekreuzung, wo das Ende der 4. Etappe erreicht ist.

ABSTIEG: Sie können an dieser Stelle halblinks nach Abtswind absteigen, die Ortsmitte ist nach 2,5 km erreicht.

Zuweg nach Abtswind 2 km

Dazu folgen Sie der Markierung Elsbeere abwärts an den Rand eines Weinberges ⤳ Richtung Norden an einem Hang entlang ⤳ weiter bis zu einer Verebnung mit **Bank** und Wegweiser.

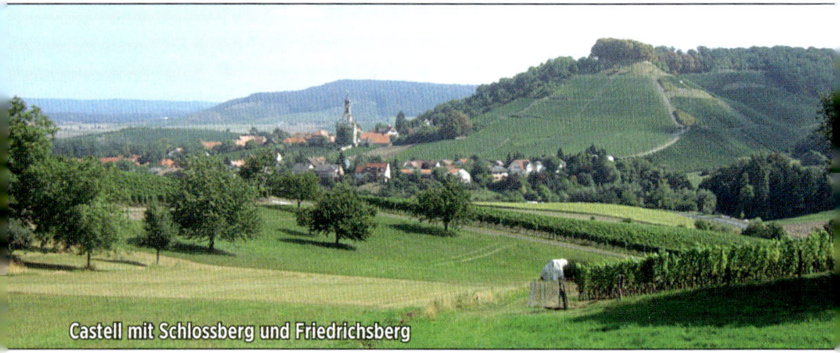

Castell mit Schlossberg und Friedrichsberg

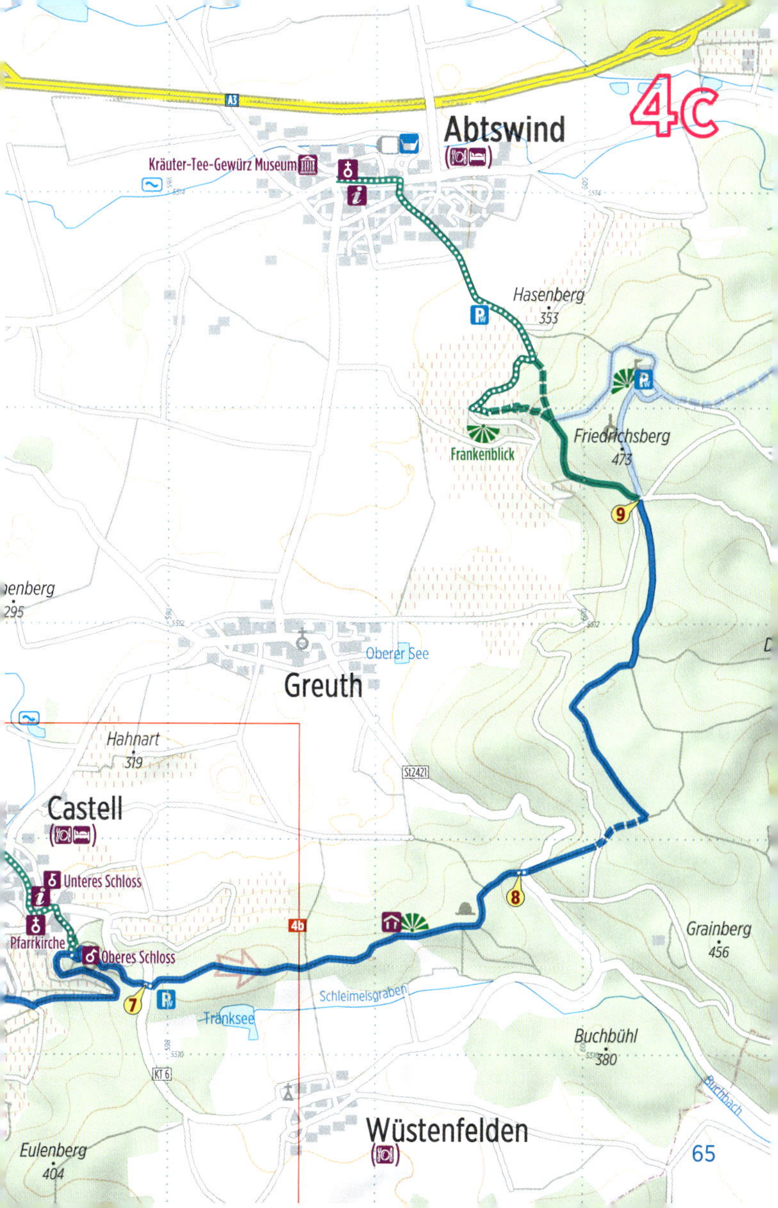
4c
A3
Abtswind
Kräuter-Tee-Gewürz Museum
Hasenberg
353
Frankenblick
Friedrichsberg
473
9
Greuth
Oberer See
St2421
Hahnart
319
Castell
Unteres Schloss
Pfarrkirche
Oberes Schloss
7
8
4b
Schleimelsgraben
Tränksee
KT 6
Grainberg
456
Buchbühl
380
Buchbach
Wüstenfelden
Eulenberg
404

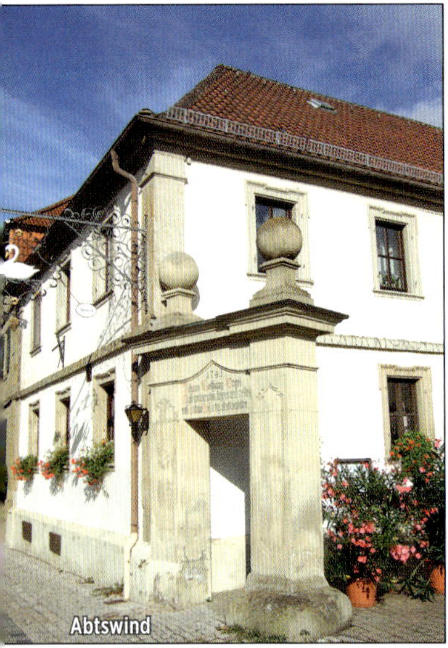

AUSSICHT An dieser Stelle lässt sich ein kleiner Extrabogen zum Aussichtspunkt Frankenblick nutzen, der knapp 1 km länger ist.

Variante über Frankenblick

Zweigen Sie links ab und halten Sie sich am Wegweiser am Berghang rechts ~ durch ein Tor und weiter am Hang entlang ~ hinab zum Aussichtspunkt auf einem Bergvorsprung.

Frankenblick

Vom Aussichtspunkt auf den darunter verlaufenden Weg ~ abkürzend auf steilem Pfad zu einem noch tieferen Weg neben einer **Hütte** ~ nun geradeaus weiter ~ an einem Abzweig mit **Bank** rechts ~ nach einigen Kurven erreichen Sie den Waldrand und halten sich dort links.

Auf dem direkten Zuweg nach Abtswind halten Sie sich am Abzweig zum Frankenblick geradeaus ~ weiter auf einem Fahrweg in Richtung Ortschaft zur **Weinstraße** ~ von dieser rechts auf den **Stämmbauersweg** ~ links ab und auf der **Hauptstraße** zur Ortsmitte.

Abtswind

Vorwahl: 09383

- **Tourist-Information**, Hauptstr. 19, ✆ 2692, @ vwo131
- **Kräuter-Tee-Gewürz Museum Kaulfuss**, Ebracherg. 11-13, ✆ 99797 In einer 450 Jahre alten Scheune erfahren Sie Wissenswertes und Kurioses über Gewürze und Kräuter, über deren Handel und ihre Wirkung. @ iud343
- **Pfarrkirche St. Maria**, Pfarrg. Die Kirche besitzt einen spätgotischen Flügelaltar und ist zur Konfirmationszeit um Ostern besonders schön geschmückt.
- **Weinlehrpfad**. Der erste Weinlehrpfad in Bayern wurde bereits vor fast fünfzig Jahren eingeweiht und verfügt über einen Weinlehrgarten. An der höchsten Stelle lädt ein aussichtsreiches Rondell zur Rast ein. @ xsg136
- **Abtswind**, Alte Untersambacher Str. 4, ✆ 1083, @ vml512
- **Zur Schwane**, Hauptstr. 10, ✆ 6051, Mi-So, @ hnw421
- **Gasthaus Zur Ölmühle**, Hauptstr. 26, Fr-Mo, @ sqm446

Das Torhaus, die mit Kopfsteinen gepflasterten Straßen und die traditionsreichen Winzerhöfe vermitteln einen romantischen Eindruck, der an vergangene Zeiten erinnert.

Etappe 5 **16,5 km**

Friedrichsberg - Ebrach

Start: Friedrichsberg bei Abtswind
Ziel: Ebrach
Aufstieg: 189 m
Abstieg: 330 m
Gehzeit: 4 - 4,5 Std.
Hartbelag: 15 %
Wanderwege: 44 %
Wanderpfade: 40 %

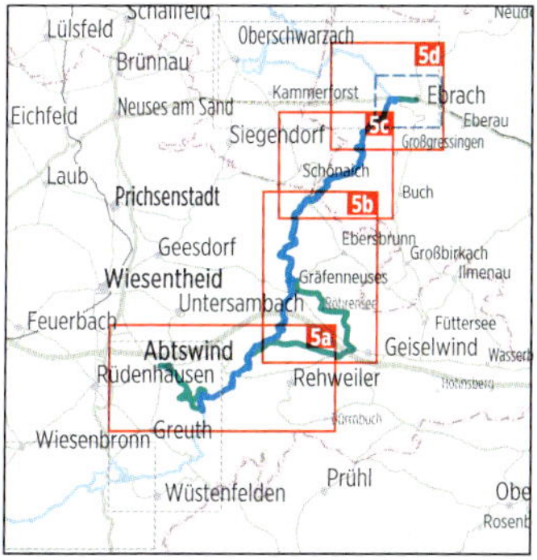

Über den Steigerwaldkamm

Vom freundlichen Weinort Abtswind führt der Aufstieg zum Friedrichsberg durch die Gesteine des Keupers. Blöcke des feinkörnigen Schilfsandsteins findet man unmittelbar am Weg. Etwas abseits der Route können Sie während des Aufstiegs den hervorragenden Aussichtspunkt Frankenblick besuchen. Der weitere Weg führt dann durch ausgedehnte Wälder mit vielen naturbelassenen Pfaden. Nach Gräfenneuses mit seinem barocken Hoftor dominiert wieder der Wald, bis Kleingressingen erreicht wird, wo zur Osterzeit ein geschmückter Brunnen den Wanderer erwartet. Nach einem unter Naturschutz stehendem Feuchtbiotop erreichen Sie das von prächtigen Wäldern umgebene Ebrach. Hier errichteten die Zisterzienser bereits 1127 ein Kloster. Der heutige Bau aus dem 18. Jahrhundert und die Klosterkirche gehören zu den kunsthistorischen Höhepunkten des Steigerwaldes.

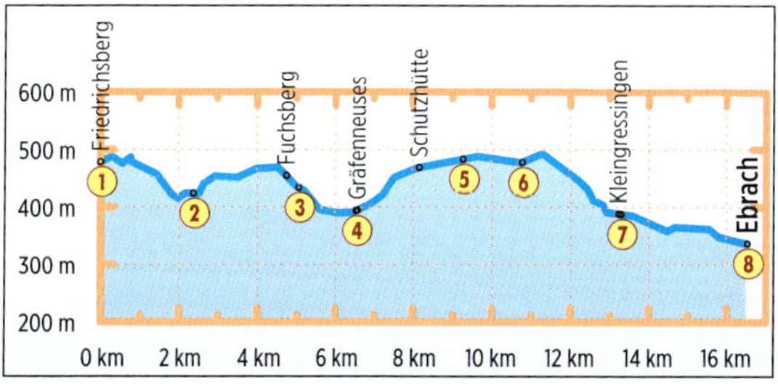

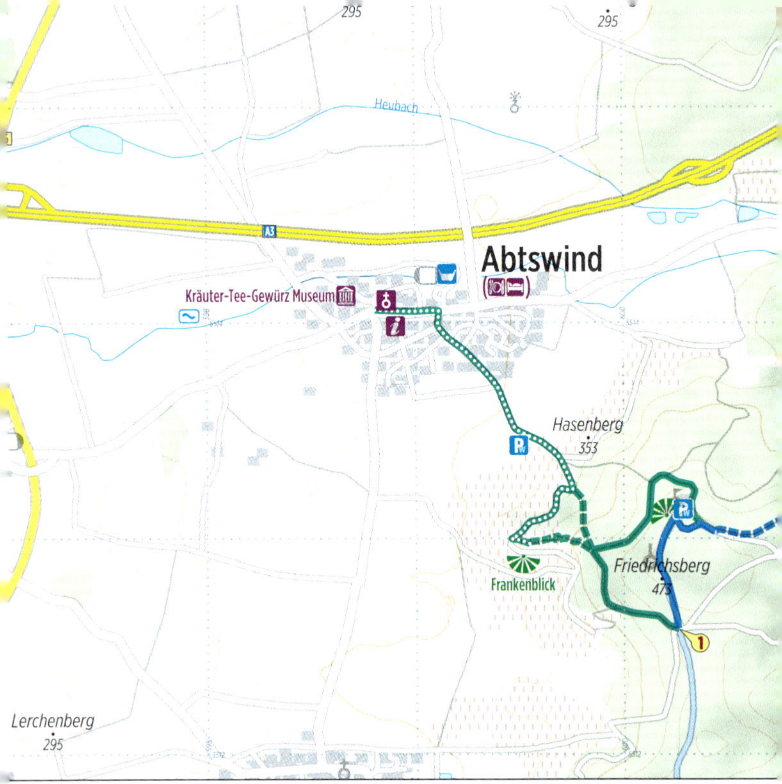

Tipp: **Südlich von Gräfenneuses gibt es bis mindestens Ende 2021 eine Umleitung, durch die sich die Etappe um ca. 4,5 Kilometer verlängert. Informieren Sie sich ggf. aktuell.**

Abtswind

EINSTIEG Vom Marktplatz in Abtswind erreichen Sie den Steigerwald-Panoramaweg in 2,5 km.

Zuweg zur Hauptroute 2 km

Auf der **Hauptstraße** gehen Sie Richtung Osten ⁓ nach dem **Torhaus** rechts ⁓ nach wenigen Metern auf dem **Stämmbauersweg** links auf die **Weinstraße** ⁓ weiter bis zum **Weinbergparkplatz** ⁓ der Markierung mit der Raute (grün/weiß) bis zum Waldrand folgen, nach rechts bietet sich eine schöne Aussicht zum Schwanberg ⁓ an einer Wegebiegung den Fahrweg nach links verlassen ⁓ weiter auf einem Pfad ⁓ der Aufstieg führt an einer Waldwiese vorbei ⁓ auf einem Hohlweg kommen Sie zu einer Verebnung mit Bank.

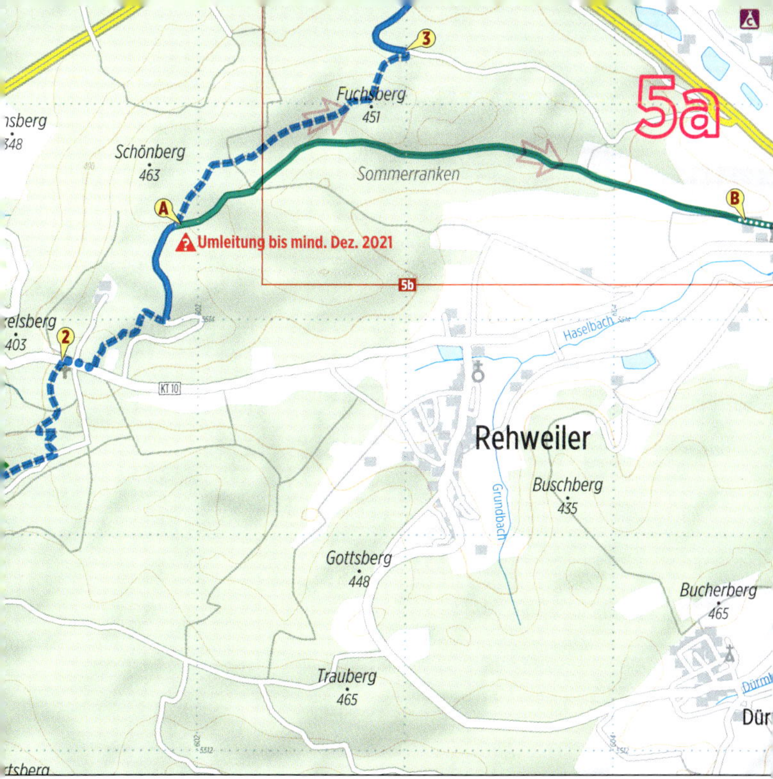

AUSSICHT Hier können Sie – abweichend von der Route – nach einem etwas abseits stehenden Wegweiser den Aussichtspunkt Frankenblick besuchen. Wenn Sie auf der Verebnung der Markierung „grünweiße Raute“ folgen, können Sie direkt zum Friedrichsberg aufsteigen.

Weiter mit der Markierung Elsbeere Richtung Süden an einem Hang entlang ⁓ am Rand des Weinberges entlang ⁓ links weiter am Hang entlang aufwärts ⁓ an der nächsten Wegekreuzung, südlich

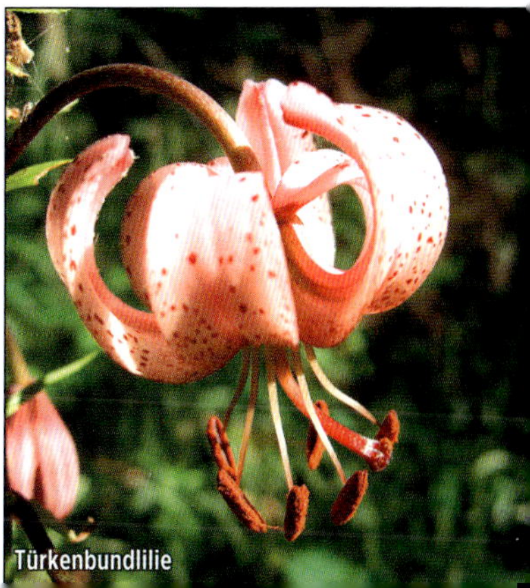

Türkenbundlilie

des Friedrichsberges, treffen Sie auf den Panoramaweg und biegen links ab.

1 0,0 (480) Am Abzweig nach Abtswind folgen Sie dem Steigerwald-Panoramaweg in Richtung Friedrichsberg ⁓ auf breitem Weg an einem **Sendeturm** vorbei ⁓ beim **Parkplatz** am Friedrichsberg biegen Sie rechts ab.

AUSSICHT Links neben einem ehemaligen Gasthaus haben Sie Aussicht auf Abtswind und Wiesentheid, in der Ferne auch auf die Rhön und die Steigerwaldstufe.

Nach 250 m links dem Wegweiser Richtung Ebrach folgen ⁓ auf dem Waldweg wandern Sie nun parallel zu einer Straße abwärts.

AUSSICHT Zu Beginn des Abstieges erreichen Sie einen Aussichtspunkt mit Blick nach Oberschwarzach und zum Stollberg.

Schließlich berührt der Weg die Straße, hier biegen Sie nach links ab ⁓ unter mehrmaligem Richtungswechsel führt der Weg zu einem **Bildstock**.

2 2,4 (425) Dort an der **KT 10** rechts ⁓ nach 200 m links abbiegen in den kleinen Weg ⁓ dem kurvigen Wegeverlauf folgen ⁓ an der Forststraße links ⁓ später links auf einen Pfad abzweigen und auf den **Fuchsberg**.

UMLEITUNG ⚠ Wegen längerfristiger Bauarbeiten an der A 3 gibt es dort vorübergehend keine Querungsmöglichkeit. Daher wurde eine ausgewiesene Umleitung eingerichtet, die bis mindestens Ende 2021 bestehen wird. Der Weg verlängert sich dadurch um ca. 4,5 km.

Umleitung über Langenberg

A 0,0 (450) Beim Abzweig der Hauptroute bleiben Sie auf der Forststraße ⁓ stets dem leicht geschwungenen Verlauf folgen, Sie wandern oberhalb des Sommerranken ⁓ Sie verlassen den Wald, voraus liegt das nächste Dorf.

Langenberg (Geiselwind)

B 2,5 (385) Vorbei an den ersten Häusern, dann an der Dreierkreuzung rechts und wenig später wieder links ⁓ Sie unterqueren die Autobahn und biegen hinter den Teichen an der **St 2260** links ab.

AUSFLUG Nach rechts sind es nur ein paar Minuten in die Ortsmitte von Geiselwind, wo Sie einkehren können.

Geiselwind

Vorwahl: 09556

- **St. Burkhard**, Kirchpl. 1. Die kath. Pfarrkirche hat einen spätgotischen Chor. Der Turm stammt im Kern aus dem 12. Jh. Um- und Ausbauten der Kirche sind in verschiedenen Jahrhunderten erfolgt.
- **St. Marien**, Wiesentheider Str. 11. Kleine Kapelle aus dem Jahr 1723.
- **Freizeitpark Geiselwind**, Wiesentheider Str. 25, ✆ 921192, ⏲ unregelmäßig, vor allem in den Ferien und am WE. Auf dem 400.000 m² großen Gelände gibt es jede Menge Attraktionen für Groß und Klein, z. B. Fakir und Feuer-Darbietungen, Kinder-Animation mit Piraten, aber auch grüne Oasen und Tier-Freigehege. @ fll384
- **Marktplatz**. Am Markt stehen sehenswerte Gebäude aus dem 17. -19. Jh. wie das Rathaus und der Gasthof mit Fachwerkobergeschoss.
- **Geiselwind**, Friedrichstr. 10, ✆ 92250, @ fqf876
- **Stern**, Marktpl. 11, ✆ 217, ⏲ Do-Di, @ gmf225

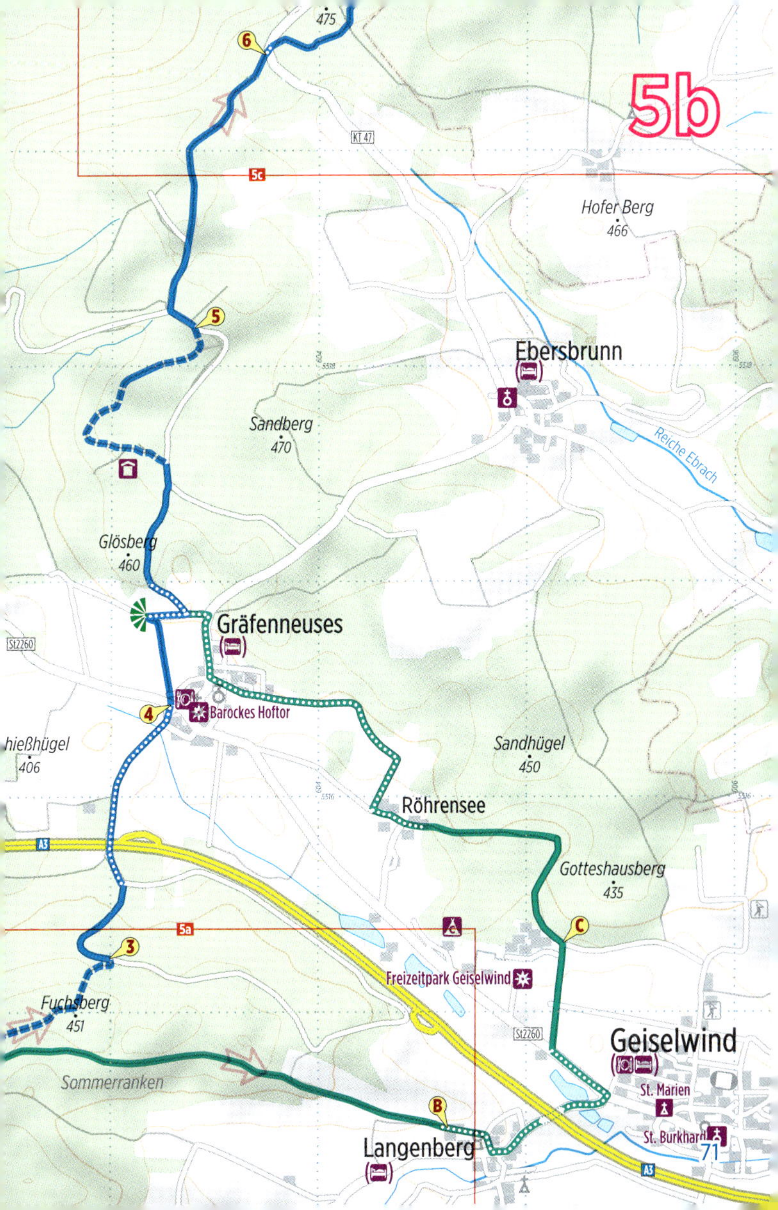
5b
475
KT 47
5c
Hofer Berg
466
Ebersbrunn
Sandberg
470
Reiche Ebrach
Glösberg
460
Gräfenneuses
St2260
Barockes Hoftor
hießhügel
406
Sandhügel
450
Röhrensee
A3
Gotteshausberg
435
5a
Freizeitpark Geiselwind
Fuchsberg
451
St2260
Geiselwind
Sommerranken
St. Marien
Langenberg
St. Burkhard

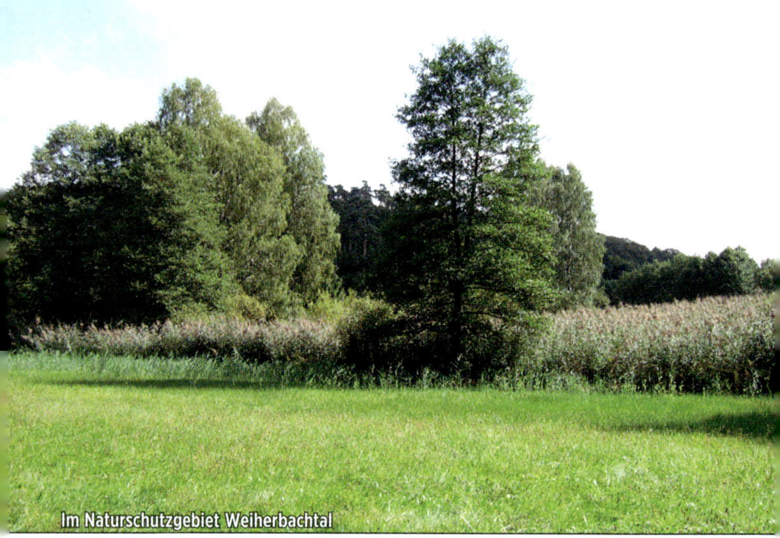

Im Naturschutzgebiet Weiherbachtal

Lamm, Marktpl. 8, ✆ 247 ⓔ, @ wjp366

Nach 300 m verlassen Sie die Straße nach rechts ⇝ vorbei am Freizeitpark.

C 5,2 (380) Dahinter an der T-Kreuzung links und dem weiten Rechtsbogen um den Gotteshausberg herum folgen ⇝ im Beginn des sanften Linksbogens biegen Sie links ab in Richtung Röhrensee ⇝ den Wald verlassen und geradeaus durch den Weiler **Röhrensee** ⇝ hinter dem letzten Haus rechts abbiegen ⇝ nach 250 m links folgen und unterhalb des Waldes entlang.

Gräfenneuses (s. u.)

Auf dem Röhrenseer Weg bis zur T-Kreuzung und dort rechts abbiegen, links ginge es ins Ortszentrum mit Kirche und Gasthaus ⇝ entlang der **KT 48**, dann bei erster Gelegenheit links abbiegen ⇝ kurz darauf zweigen Sie rechts ab, nun wieder auf der Hauptroute.

Auf der Hauptroute wandern Sie, sobald die Umleitung nicht mehr erforderlich ist, vom Fuchsberg abwärts.

3 5,0 (435) An der Forststraße links ⇝ die **A 3** queren ⇝ nach einem **Flurkreuz** am Waldrand erreichen Sie Gräfenneuses.

Gräfenneuses (Geiselwind)

Vorwahl: 09556

Zur Rose, Gräfenneuses 6, ✆ 315, ⊙ Fr-Mi, @ spa271

Barockes Hoftor. Das Tor gegenüber der Kirche gehörte bis zur Säkularisation zum Karthäuserkloster Ilmbach. Nachdem das Kloster zum Abbruch freigegeben wurde, schenkte Graf Erwein von Schönborn das Tor 1848 seinem Jagdfreund Dietmeyer.

4 6,5 (395) Über die **St 2260** ⇝ weiter Richtung Ebrach ⇝ an einer T-Kreuzung biegen Sie rechts ab, etwas links befindet sich ein **Aussichtspunkt** mit Blick nach Westen zum Mainland ⇝

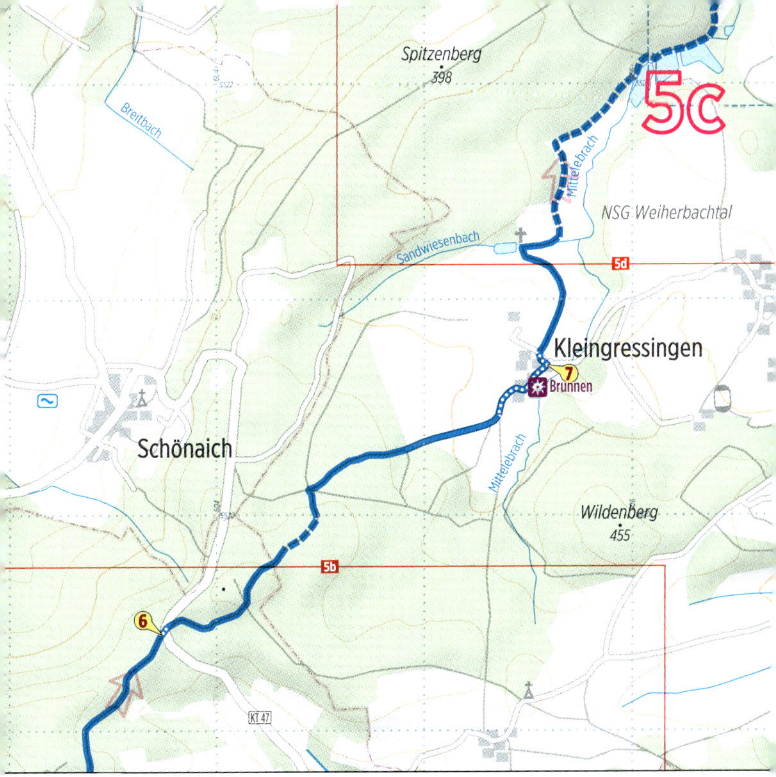

von vorn stößt die Umleitung hinzu, Sie biegen hier links ab ⤳ weiter auf dem Panoramaweg aufwärts zum Glösberg ⤳ die Route verlässt die breite Forststraße nach links und führt auf sandigen Böden am Hang entlang.

Sandberg

Der Sandberg nördlich von Gräfenneuses fällt durch seine sandigen Wege auf. Gegen Ende des Eiszeitalters wurde durch Westwinde aus den Schotterflächen des Mainlandes Sand ausgeblasen und auf die Höhen des Steigerwaldes verfrachtet, sodass hier ein richtiges Dünenfeld entstand.

An einer **Hütte** mit Unterstellmöglichkeit vorbei ⤳ der Weg verläuft hier am Bergrand entlang einer alten Grenze und bietet nordwestlich teilweise Ausblick auf das Steigerwaldvorland.

5 9,3 (485) Die Route entfernt sich vom Bergrand und verläuft kurzzeitig auf einer Forststraße Richtung Norden

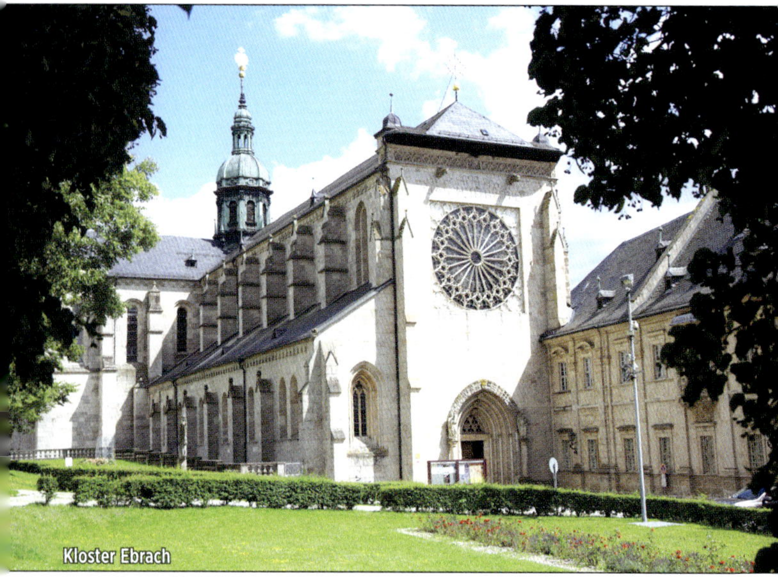

~ wieder auf Waldwegen Richtung Norden und Nordosten.

6 10,8 (480) Sie überqueren die **KT 47** ~ in Nordost-Richtung über den **Katzenberg** ~ an einer auffälligen Wegekreuzung rechts bis zum Waldrand ~ weiter Richtung Kleingressingen, das voraus im Tal liegt.

Kleingressingen (Ebrach)

Brunnen. Jeweils zur Osterzeit wird der Brunnen außerordentlich prächtig geschmückt.

7 13,3 (390) Am Ortsende von Kleingressingen links, dann kurz darauf rechts auf einen Feldweg ~ am Weiher mit Bildstock vorbei wandern Sie im Tal der Mittelebrach ~ der Weg führt nun neben dem Bach im Tal entlang und vorbei an mehreren Weihern, die zum NSG Weiherbachtal zählen und dicht von Schilf, Röhricht und Schwarzerlen bewachsen sind ~ beim **Wasserwerk 1** geradeaus weiter auf dem **Weiherseeweg** ~ kurz vor der B 22 rechts abzweigen und dem Pfad auf einem Wall zum **Schwimmbadweg** folgen ~ dort links zur **B 22** und an der Verkehrsinsel die Straße überqueren.

8 16,5 (340) Bei der **Infotafel** haben Sie das Etappenziel erreicht.

INS ZENTRUM Zur Ortsmitte von Ebrach sind es 600 m, folgen Sie dafür der B 22 nach rechts bis zum Marktplatz.

Ebrach

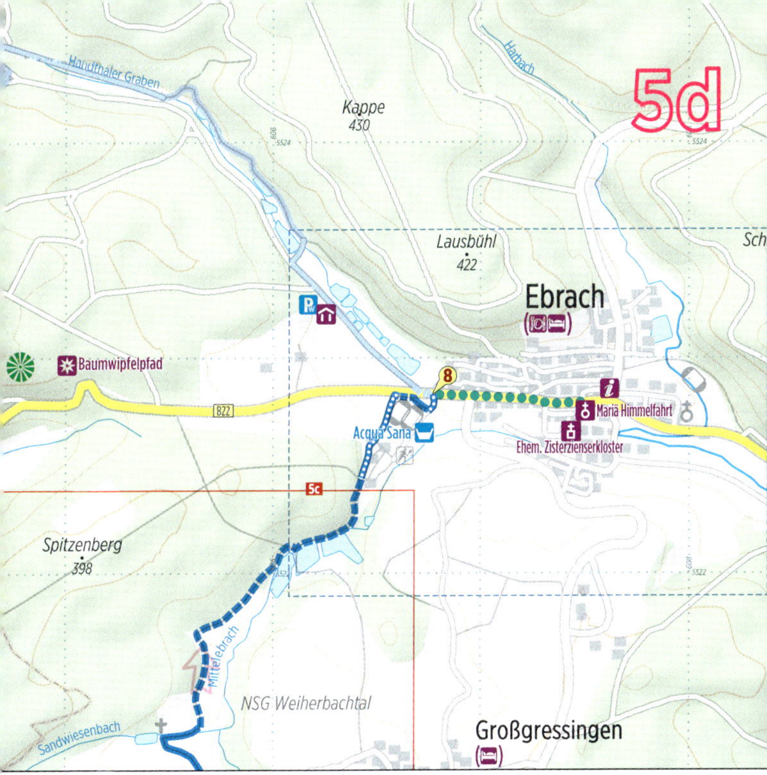
5d
Handthaler Graben
Hartbach
Kappe
430
Lausbühl
422
Ebrach
Baumwipfelpfad
8
B22
Acqua Sana
Mariä Himmelfahrt
Ehem. Zisterzienserkloster
5c
Spitzenberg
398
Mittelebrach
NSG Weiherbachtal
Sandwiesenbach
Großgressingen

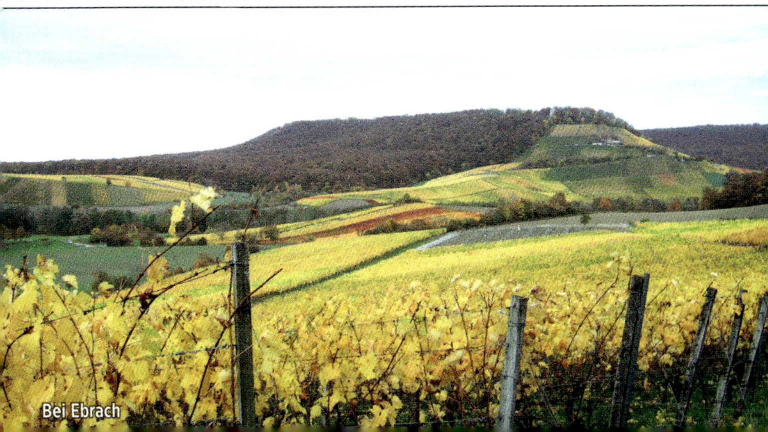
Bei Ebrach

Ebrach

Vorwahl: 09553

Marktgemeinde Ebrach, Rathauspl. 2, 92200, @ ykm741

Klostermuseum, Marktpl. 1, in der ehemaligen Prälatur, April-Okt. In dem prachtvollen Treppenhaus und den Räumen der früheren Abtswohnung wird über die Geschichte des Klosters informiert. @ nkp546

Mariä Himmelfahrt, Bamberger Str. 2. Die ehemalige Klosterkirche ist eine dreischiffige Basilika mit siebenjochigem Langhaus im Stil der burgundischen Frühgotik aus dem 13. Jh. Es gilt als eines der bedeutendsten und schönsten Werke der Frühgotik in Deutschland. Im Inneren wurde die Kirche im 18. Jh. prunkvoll neu ausgebaut. Informationen zu Kirchenführungen und Orgelkonzerten gibt das Pfarramt, 266.

Ehem. Zisterzienserkloster, Anstaltsstr. Die mehrflügelige Anlage aus dem 17. und 18. Jh. wird heute als Jugendstrafanstalt genutzt. Zu den Nebengebäuden zählen u. a. das Mühlgebäude (18. Jh.), ein ehem. Krankenhaus und die Bierbrauerei (um 1790). @ egq527

Ebracher Musiksommer, 09552/297. Das Festival wird an mehreren Veranstaltungsorten durchgeführt: im Ebrach im Kaisersaal und der Abteikirche, ferner im Regentenbau in Bad Kissingen und in der Konzerthalle Bamberg. Vorheriger Kartenversand ist möglich. @ irm154

Bamberger Tor, Bamberger Str. 11. Prunkvolles Tor aus dem 18. Jh.

Baumwipfelpfad Steigerwald, Radstein 2, im Ebracher Forst, 98980102, April-Okt. 9-18 Uhr, Nov.-März 10-16 Uhr. Der 2016 eröffnete 1.150 m lange Pfad verläuft im leichten Auf und Ab zwischen den Baumkronen. Höhepunkt ist die Aussichtsplattform, die auf dem kreisförmigen Weg mit einer Steigung von max. 6 % erreicht wird. Von der 42 m hohen Plattform bietet sich ein spektakulärer Blick weit über den Steigerwald. @ ijr346

Abteigarten, Nähe Anstaltsstraße. Die ummauerte Gartenanlage wurde im 18. Jh. angelegt. Im Park gibt es zwei Gartenpavillons sowie barocke Gartenportale.

Naturbad Acqua Sana, Schwimmbadweg, 1370, Mitte Mai-Sept., Mo-Fr 10-20 Uhr, Sa, So 9-20 Uhr. In diesem Bad erfolgt die Wasseraufbereitung rein biologisch. Mit Liegewiese, Spielplatz und Gastronomie. @ cks848

Ebrach ist ein staatlich anerkannter Erholungsort im Naturpark Steigerwald. In dem von Wald umgebenen Ort spielen die Forstwirtschaft und der Tourismus eine wichtige wirtschaftliche Rolle. Besondere Anziehungskraft für Gäste stellen die im Zentrum von Ebrach liegenden prachtvollen Bauten und Gärten der ehemaligen Klosteranlage und seit 2016 auch der nahe gelegene Baumwipfelpfad im Steigerwald dar.

Kloster Ebrach wurde als Zisterzienserkloster von den fränkischen Edelfreien Berno und Richwin von Eberau im Jahr 1127 gegründet.

Bereits damals entstand hier durch die Zisterzienser eine romanische und um 1200 eine gotische Kirche. Diese gilt als der großartigste Kirchenbau

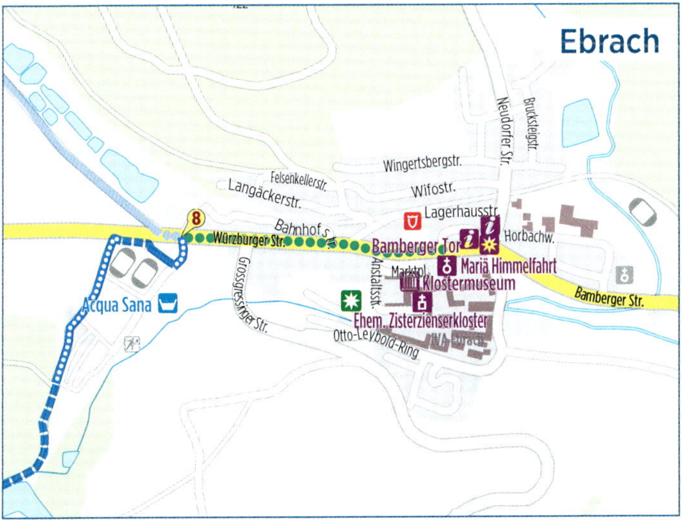

der Frühgotik in Deutschland. Es handelt sich um eine Pfeilerbasilika mit Kreuzrippengewölben und mehreren Kapellen. Besonders schön erscheint bei entsprechender Beleuchtung das Rosenfenster. Der älteste Bestandteil ist die Michaelskapelle. 1773-91 erhielt die Kirche eine glanzvolle spätbarock-klassizistische Ausstattung. Im 17. und 18. Jh. entstand unter Mitarbeit der Barockbaumeister Dientzenhofer, Greising und Balthasar Neumann der Abteibau. Daneben befindet sich der Abteigarten mit dem reich verzierten Herkulesbrunnen aus Schilfsandstein. 1803 wurde das Kloster im Zuge der Säkularisation aufgelöst. Noch heute zeugen der Kaisersaal, das barocke Treppenhaus und die Kirche von dem früheren Reichtum des Klosters. Die Klosterkirche dient als katholische Pfarrkirche Mariä Himmelfahrt. Die erhaltenen Klostergebäude stammen aus zwei Bauabschnitten: 1687-1698 nach Plänen von Leonhard Dientzenhofer und 1715-1735 unter der Leitung von Joseph Greising nach Vorbild der Würzburger Residenz und des Schlosses Weißenstein in Pommersfelden. Seit 1851 werden sie als Strafanstalt genutzt.

Im Rahmen des Ebracher Musiksommers finden in dem barocken Kaisersaal und der Klosterkirche seit 1990 klassische Konzerte mit renommierten Orchestern und namhaften Solisten statt.

Etappe 6 15,8 km

Ebrach - Michelau

Start: Ebrach
Ziel: Michelau
Aufstieg: 349 m
Abstieg: 384 m
Gehzeit: 3,5 - 4 Std.

Hartbelag: 12 %
Wanderwege: 72 %
Wanderpfade: 16 %

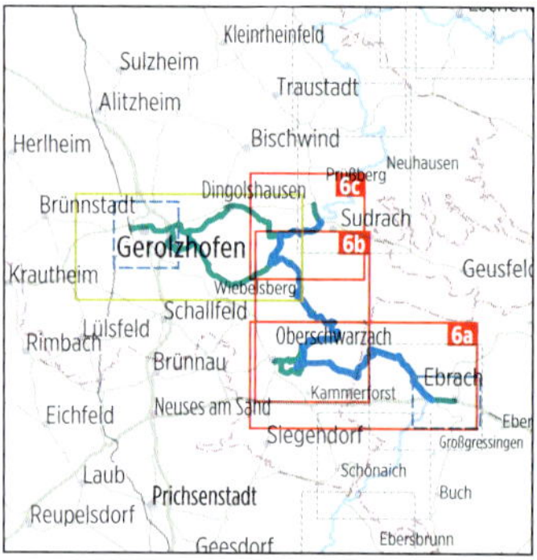

Auf den Spuren von Walther von der Vogelweide

Sie wandern zunächst auf einem sanft ansteigenden Weg gemütlich durch den Handthaler Grund mit seinen schönen Weihern. Nach einem aussichtsreichen Weg am Waldrand erreichen Sie das Hörnle mit seiner idyllisch gelegenen Kapelle und der großartigen Aussicht hinunter nach Oberschwarzach und weit in das Mainland. Nach einem besonders romantisch gelegenen Weinort folgt der Aufstieg zur geschichtsträchtigen Ruine Stollburg mit ihrem hervorragenden Aussichtspunkt. Durch Wald und Wiesen geht es dann zum Etappenziel Michelau.

Tipp: In Michelau gibt es nur wenige Übernachtungsmöglichkeiten. Wer daher zur Übernachtung ins hübsche Gerolzhofen wandert oder fährt, wird von der Stadt mit ihrer über 1.200-jährigen Geschichte beeindruckt sein. Das Hotel Tor

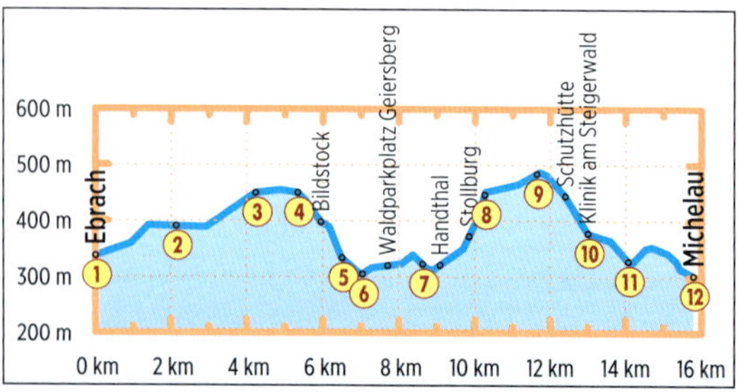

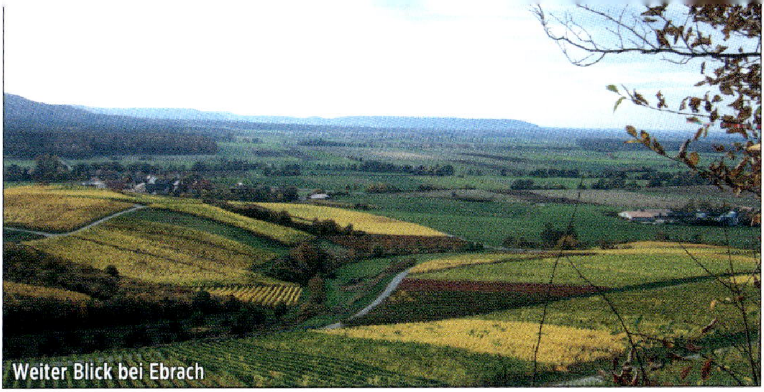

Weiter Blick bei Ebrach

zum Steigerwald bietet mit einem halben Tag Vorlauf einen Hol- und Bring-Service für Übernachtungsgäste an.

Ebrach

EINSTIEG Vom Marktplatz in Ebrach geht es auf der B 22 nach Westen an das Ortsende, wo der Panoramaweg die Straße kreuzt.

1 0,0 (340) Am Ortsende von Ebrach gehen Sie bei einer **Infotafel** Richtung Handthal ~ an einer **Weiherkette** entlang ~ auf breitem Waldweg talaufwärts ~ vorbei an einem **Parkplatz** und an einer **Hütte** mit Unterstellmöglichkeit ~ vor dem nächsten Weiher rechts, dann links halten und weiter entlang der Weiherkette.

2 2,1(390) Nach einem Rechtsschlenker öffnet sich das Bachtal ~ bei erster Gelegenheit links abbiegen, über den Bach und dem Linksbogen folgen ~ kurz darauf an der Dreieckskreuzung rechts halten ~ es geht bergan.

3 4,2 (450) An einer Wegekreuzung rechts Richtung Handthal ~ weiter auf einem Waldweg ~ zweimal vorbei an Weggabelungen.

4 5,3 (450) An der querenden Forststraße links und gleich wieder links in den kleinen Weg ~ oberhalb des Hanges entlang ~ am Waldrand und an den Weinbergen entlang.

Bildstock Kreuzschlepper, mit Rastplatz und Aussichtspunkt. Dieser monumentale Bildstock von 1776 weist auf eine Fuhrstrecke hin, die man eingerichtet hat, um prichsenstädtisch-ansbachische Zollstädte umgehen zu können.

Nach dem Bildstock rechts halten und weiter am Saum des Waldes entlang ~ vorbei an einem **Aufschluss im Schilfsandstein** ~ am Waldrand 50 m links ~ rechts absteigend auf einem Fahrweg.

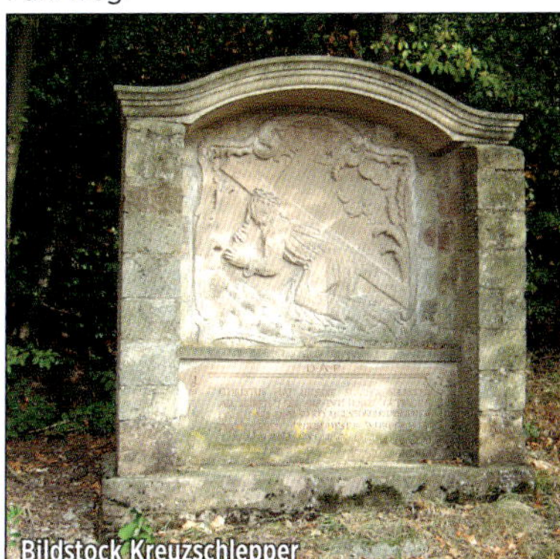

Bildstock Kreuzschlepper

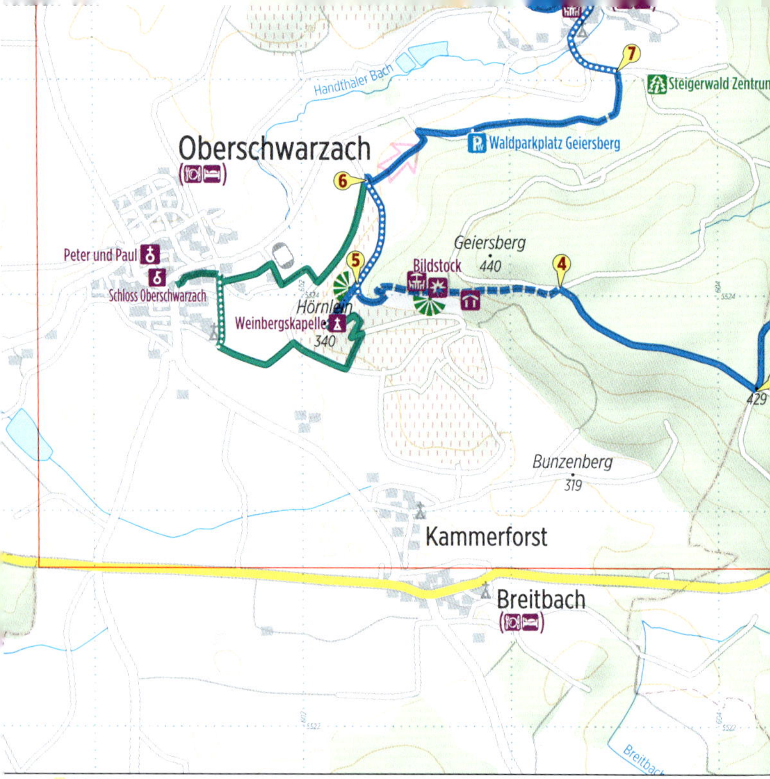

5 6,5 (335) An der T-Kreuzung rechts weiter Richtung Handthal.

AUSSICHT 300 m nach links – und Sie befinden sich beim Aussichtspunkt Hörnle mit Panoramatafel und Winzerkapelle. Man blickt hinab auf Oberschwarzach mit seinem Renaissance-Schloss, sieht den Stufenrand des Steigerwaldes mit dem Friedrichsberg und dem Schwanberg und im Nordwesten die Rhön.

INS ZENTRUM Vom Hörnle können Sie nach Oberschwarzach absteigen – zur Bushaltestelle, zum Einkehren oder zum Übernachten. Unten am Waldrand treffen Sie auf die Markierung Weinsteiger, der Sie später auch wieder aus dem Ort folgen können. Der Bogen über den Ort ist gut 2 km länger als die Hauptroute.

Oberschwarzach

Vorwahl: 09382

Pfarrkirche Peter und Paul, Kirchberg. Die Kirche aus dem 16. Jh. stammt aus der Zeit Julius Echters, eines bedeutenden Fürstbischofs aus Würzburg, der die Gegenreformation in seinem Bistum führte. Mit einer Figur aus der Werkstatt von Tilman Riemenschneider

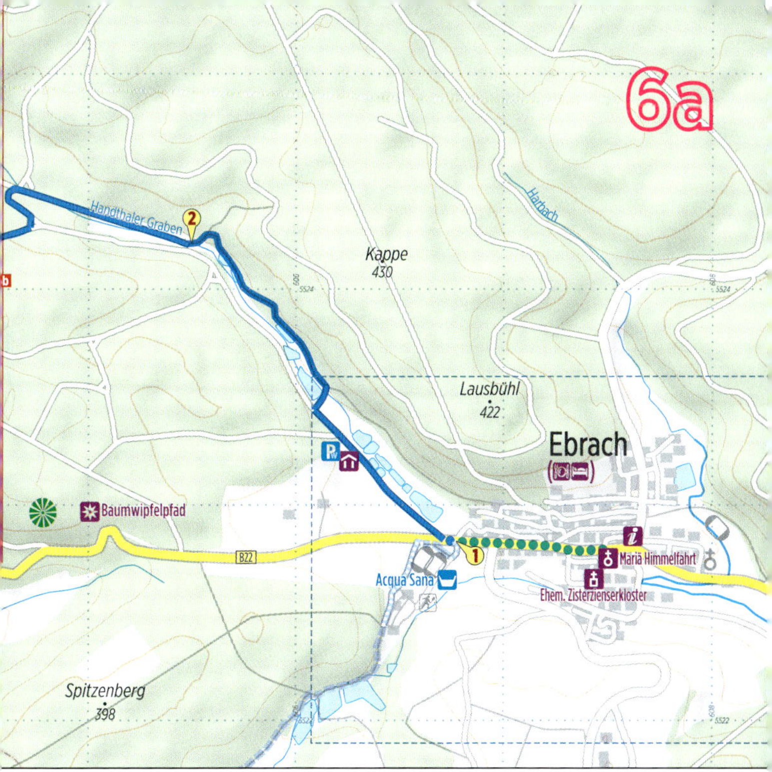

Weinbergskapelle 14 Nothelfer, auf dem Hörnle. Neben der fünfeckigen Kapelle mit dem Zeltdach steht ein Glockenturm in ähnlicher Gestalt.

Schloss Oberschwarzach, Handthaler Str. Das reizvolle Schloss wurde um 1614 erbaut unter Fürstbischof Julius Echter, der hier auch residierte. @ rqo858

Mariensäule, Kirchberg. Die Säule steht vor dem Schloss am Kirchberg.

Alter Gewölbekeller, Untere Ofeng. 7, ✆ 3101919, @ wlk726

6 0,0 Auf der Hauptroute gehen Sie an der Wegekreuzung am Ende des

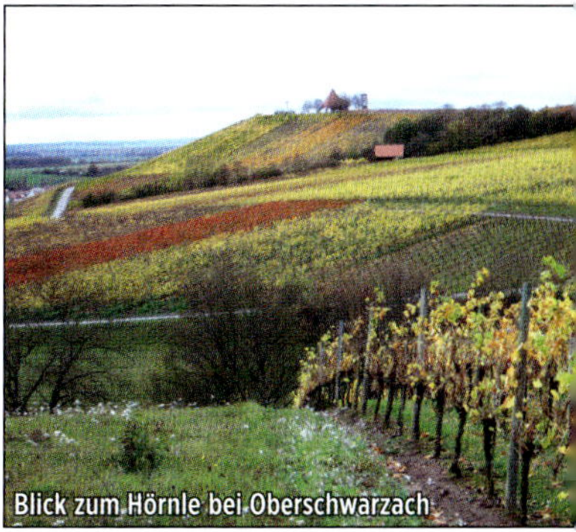
Blick zum Hörnle bei Oberschwarzach

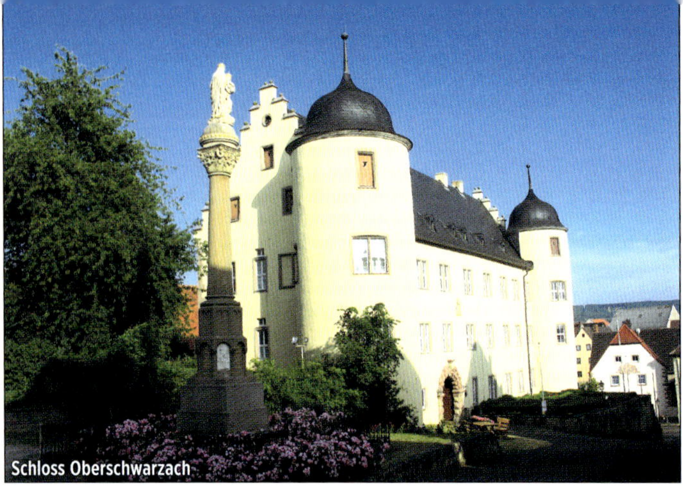
Schloss Oberschwarzach

weiten Linksbogens rechts ⁓ auf grasigem Weg mit Blick zum Stollberg zwischen Weinberg und Waldrand entlang ⁓ nach einem Acker und einem weiteren Waldrand erreichen Sie den **Waldparkplatz Geiersberg** ⁓ weiter am Saum des Waldes, weitgehend auf grob geschottertem Weg ⁓ über die Wiesen vor zur Straße.

7 8,6 (325) An der T-Kreuzung links nach Handthal zur Kirche.

Handthal (Oberschwarzach)

Vorwahl: 09382

Steigerwald Zentrum, Handthal 56, ✆ 319980. Anschaulich wird hier Nachhaltigkeit anhand von Holzverwendung und Waldbewirtschaftung präsentiert. @ cgv868

Forellenhof, Handthal 28, ✆ 5467, ⌚ Di-Mi, Fr-So 11.30-16 und 16.30-20 Uhr, @ ufs178

Landgasthaus Brunnenhof, Handthal 6, ✆ 99828, ⌚ Mi-So 11-20 Uhr, @ nxe323

Nach der Kirche rechts durch den Ort ⁓ an der Wegekreuzung mit **Rastplatz** biegen Sie links ab ⁓ nach dem **Parkplatz** wandern Sie am Rand eines Weinberges entlang ⁓ am Gasthaus Stollburg vorbei.

Gaststube Stollburg, Handthal 50, ✆ 09382/9930895, ⌚ Do-Mo 11.30-22 Uhr, @ apq818

An den Waldrand, wo sich wieder eine schöne Aussicht bietet ⁓ meist über Treppen bergan zu einer Verebnung.

8 10,2 (445) An der querenden Forststraße links Richtung Michelau.

TIPP: Für einen Abstecher zur Ruine Stollburg gehen Sie dem Weinerlebnisweg (roter Handlauf) folgend hier rechts und zuletzt über eine Treppe auf den Hügel.

Die **Stollburg** wurde im 12. und 13. Jh. durch die Ritter von Stollberg erbaut. Als Sitz eines bischöflichen Amtes wurde sie im Bauernkrieg zerstört und nicht wieder aufgebaut. Nach neueren Erkenntnissen des Würzburger Historikers Gerhard Wagner soll hier Walther von der Vogelweide,

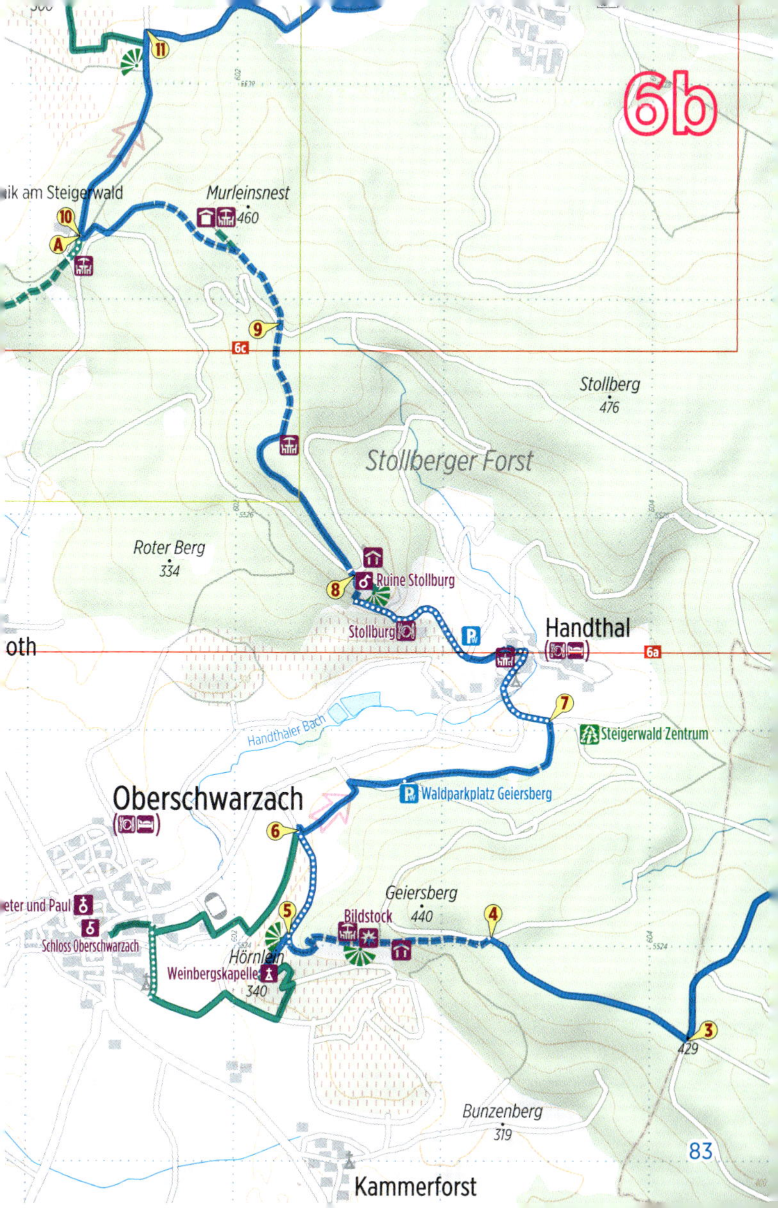
6b
ik am Steigerwald
Murleinsnest
460
6c
Stollberg
476
Stollberger Forst
Roter Berg
334
Ruine Stollburg
Stollburg
Handthal
oth
6a
Handthaler Bach
Steigerwald Zentrum
Waldparkplatz Geiersberg
Oberschwarzach
Geiersberg
440
eter und Paul
Schloss Oberschwarzach
Bildstock
Hörnlein
Weinbergskapelle
340
429
Bunzenberg
319
Kammerforst

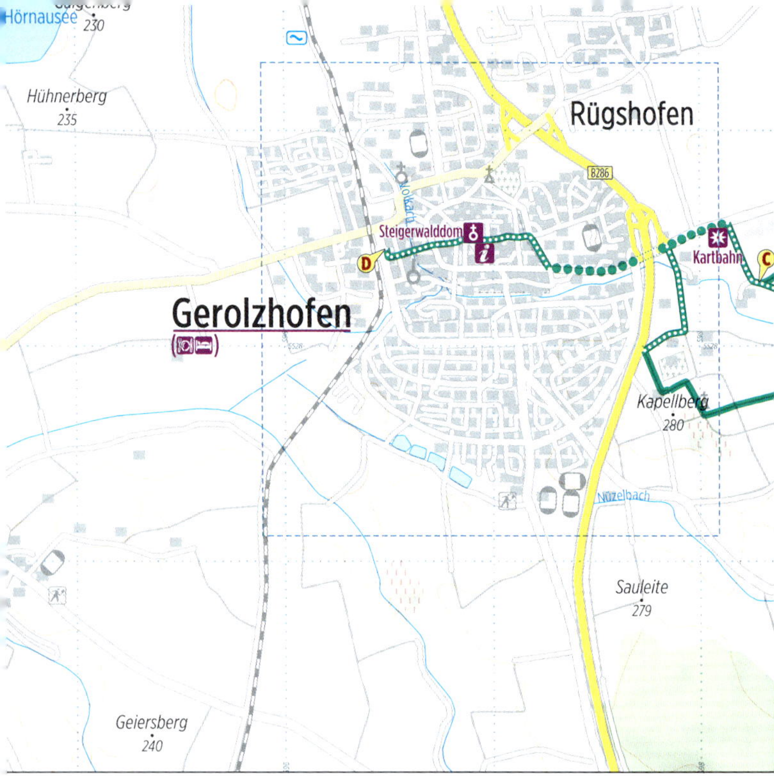

einer der großen Lyriker des Mittelalters, geboren worden sein.

Aussichtspunkt mit Unterstand. Man sieht (von links nach rechts) den Geiersberg oberhalb vom Hörnle, den Schlossberg bei Kirchschönbach, den Friedrichsberg (Sendeturm) und den Schwanberg (Sendetürme).

Nur kurz auf der Forststraße, dann an der folgenden Weggabelung rechts abzweigen Richtung Michelau ⤳ zunächst etwas aufwärts am Hang entlang ⤳ weiter auf einem Bergrücken und bogenförmig nach rechts ⤳ im Linksbogen vorbei an einem **Rastplatz**, dann an der nächsten Weggabelung links ⤳ nach wenigen Metern wieder links aufwärts.

9 11,3 (485) Einen breiten Weg queren, dann einen Graben ⤳ weiter bis zu einer Weggabelung, dort absteigend an den Waldrand Richtung „Klinik am Steigerwald".

TIPP Wenn Sie sich an der Weggabelung rechts halten, kommen Sie nach ca. 100 m zu einem Rastplatz mit Unterstellmöglichkeit.

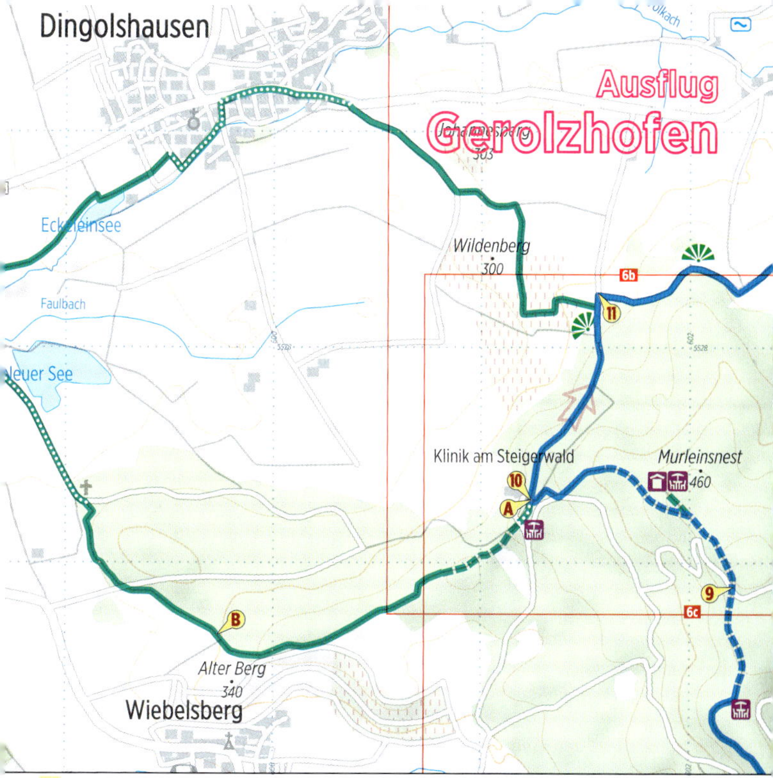

10 13,0 (380) Vor dem Klinikgelände biegen Sie rechts ab auf den Fahrweg.

INS ZENTRUM Links ginge es zum sehenswerten Städtchen Gerolzhofen, wo Sie übernachten oder in den Bus zum Schweinfurter Hauptbahnhof steigen können. Einen Abhol- und Bringservice bietet bei Übernachtung das Hotel „Tor zum Steigerwald" (5-6 Stunden im Voraus anrufen).

Zuweg nach Gerolzhofen 6,4 km

A 0,0 (365) Sie folgen den Wegweisern „Abzweig nach Gerolzhofen" und zunächst auch der Markierung „blauer

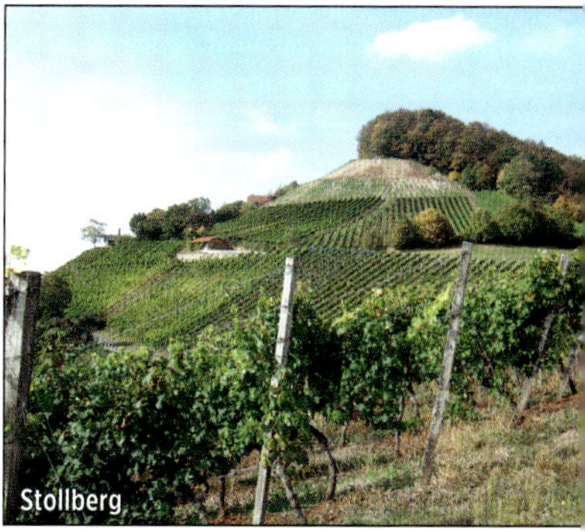
Stollberg

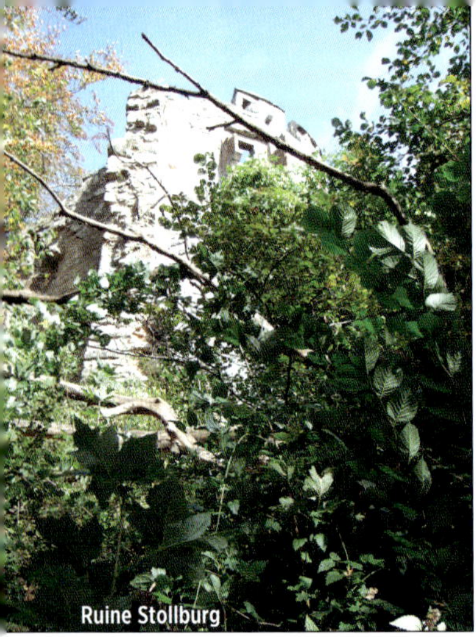

Ruine Stollburg

Löffel"oder G 1 ~ vom Waldrand links über den **Parkplatz**, über die Zufahrt zur Klinik und in den Wald ~ nach einer Wiese wandern Sie auf einem Höhenrücken am Saum des Waldes entlang.

B 1,7 (305) Über den **Alten Berg** mit Blick auf die Steigerwaldstufe ~ weiter am Saum des Waldes und über eine Wiese ~ auf einem Sportpfad und an einem **Waldkindergarten** vorbei an den Waldrand zu einem Bildstock ~ nun auf breitem Weg am **Neuen See** vorbei zu einer Weggabelung, wo man die Markierung „blauer Löffel" verlässt und auf dem G 1 geradeaus weiter geht.

VARIANTE Geringfügig länger, doch dafür auch hübscher ist die Variante über den Jüdischen Friedhof. Biegen Sie dafür links ab und folgen weiter der Markierung „blauer Löffel".

Sie wandern entlang von Gärten.

C 4,2 (245) Vorbei am Wanderweg-Abzweig nach Dingolshausen ~ bis zur Landstraße **St 2274**, dort links und entlang der Kartbahn ~ die B 286 unterqueren und auf der **Dingolshäuser Straße** ins Stadtzentrum ~ bis zum Gasthaus „Tor zum Steigerwald", dort rechts auf der **Östlichen Allee** bis zur Abbiegung der **Jahnstraße** ~ in diese links abbiegen und weiter auf der **Weiße-Turm-Straße** zum Marktplatz ~ gerade in die **Bürgermeister-Weigand-Straße**.

D 6,2 (235) Nach dem Überqueren der Kolpingstraße erreichen Sie den Busbahnhof.

Gerolzhofen s. S. 88

ANSCHLUSS Von Gerolzhofen zum Panoramaweg können Sie alternativ eine etwa gleichlange, ebenfalls reizvolle Wegführung über Dingolshausen nutzen. Gehen Sie dafür zurück bis zu Wegpunkt C und folgen dann der Markierung Weinsteiger durch Dingolshausen und einige Weinberge zurück zur Hauptroute.

Auf der Hauptroute bei der Klinik folgen Sie dem Fahrweg bis zum Waldrand mit Aussicht, man sieht Gerolzhofen, Dingolshausen, die Marienkapelle bei Bischwind und in die Ferne bis zur Rhön.

11 14,1 (330) Danach biegt der Panoramaweg rechts ab und Sie wandern zwischen Wald und Weinberg aufwärts ~ beim Abzweig nach dem **Wasserbehälter** geradeaus und weiter am Waldrand entlang.

AUSSICHT Auch hier finden Sie wieder einen schönen Ausblick, diesmal auf Michelau und den Vollberg in der Nähe, die Haßberge,

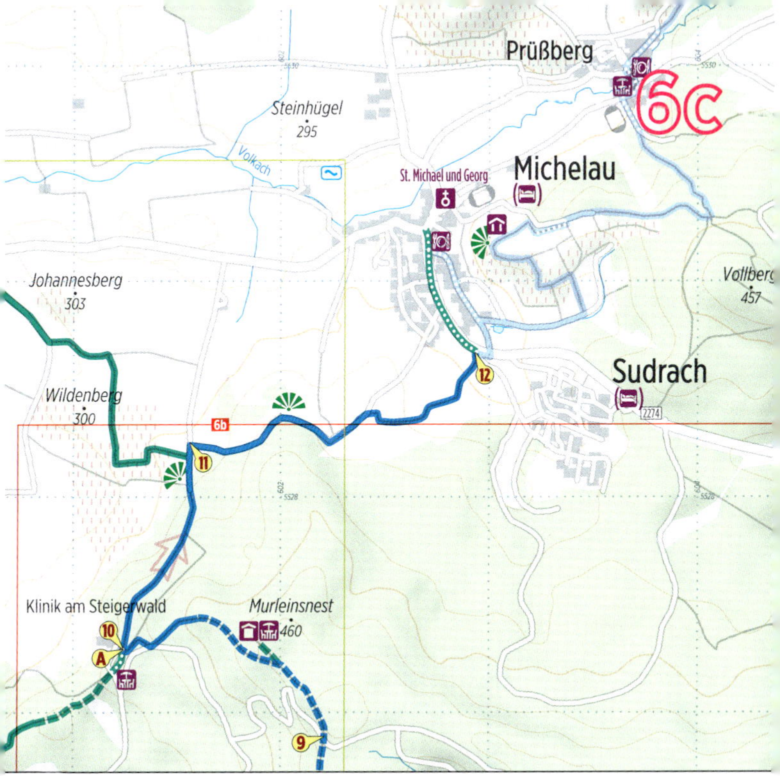

den Falkenstein und den Zabelstein in der Ferne.

Links abbiegen ⁓ dem Wegeverlauf folgend über Wiesen.

12 15,8 (305) An der **Straße 2274** haben Sie das Ende dieser Etappe erreicht.

INS ZENTRUM Links kommen Sie in 600 m nach Michelau. Nach dem Gasthaus Meteora befinden Sie sich in der Ortsmitte bei der sehenswerten Kirche.

Michelau im Steigerwald

Vorwahl: 09382

St. Michael und Georg, Kirchpl. Die Kirche wurde 1738-52 nach Plänen des Hofbaumeister der Würzburger Fürstbischöfe, Balthasar Neumann, erbaut. Im Inneren befinden sich spätgotische Holzfiguren aus der Zeit um 1500.

Café und Eisdiele Heilmann, Hauptstr. 1, ✆ 99720, @ ldf854

Taverne Meteora, Hauptstr. 25, ✆ 3181272, @ cnt187

Der den Ort überragende Vollberg besitzt Wallreste, die auf eine vorgeschichtliche Höhensiedlung hinweisen.

Ortsinformationen

Gerolzhofen

Vorwahl: 09382

Tourist-Information, Marktpl. 20, im Alten Rathaus, 903512, @ vne732

Bayerisches Schulmuseum, Marktpl. 20, im Alten Rathaus In zwei Räumen wurde eine originale, einklassige Dorfschule des 19. Jhs. eingerichtet.

Johanniskapelle, Kirchgasse, 903512, So/Fei 14-17 Uhr. Unter dem Motto „Kunst und Geist der Gotik" können hier vornehmlich sakrale Gegenstände aus der Gotik des fränkischen Raumes bewundert werden. Skulpturen, Glocken, gotische Bibeln von unbekannten und bekannten Künstlern wie Tilman Riemenschneider und Hans Schäufelin sind hier ausgestellt. @ ywm654

Stadtmuseum, Marktpl. 20, im Alten Rathaus, 903512 Eine interessante Ausstellung informiert über die Geschichte des Nähens und über die Entwicklung der Nähmaschine im Speziellen. @ jci831

Ev.-Luth. Kirche, Dreimühlenstr. 4

Kath. Pfarrkirche (Steigerwalddom), Marktplatz. In der Kirche aus dem 15. Jh. finden sich eine barocke Innenausstattung sowie Figuren aus der Werkstatt Tilman Riemenschneiders.

Altes Rathaus, Marktpl. 20. Dreigeschossiger Bau von 1475 mit gotischen Treppengiebeln.

Stadtmauer. Doppelter Mauerring mit mehreren Ecktürmen.

Steigerwald-Motodrom, Dingolshäuser Str. 24, 0151/25395537, April-Okt., Sa 9-18 Uhr, So 13-18 Uhr. Hier lassen sich Karts für Intervalle von 10 Min. mieten. @ odp211

Geomaris, Dingolshäuser Str. 2, 261. Großes Badeparadies für die ganze Familie mit großer Liegewiese, Erlebnisrutsche und zahlreichen Wasserbecken. @ gnm471

Tor zum Steigerwald, Dingolshäuser Str. 1, 97460, @ dqd366

Die über 1.225-jährige Geschichte Gerolzhofens ist überall spürbar, ob im

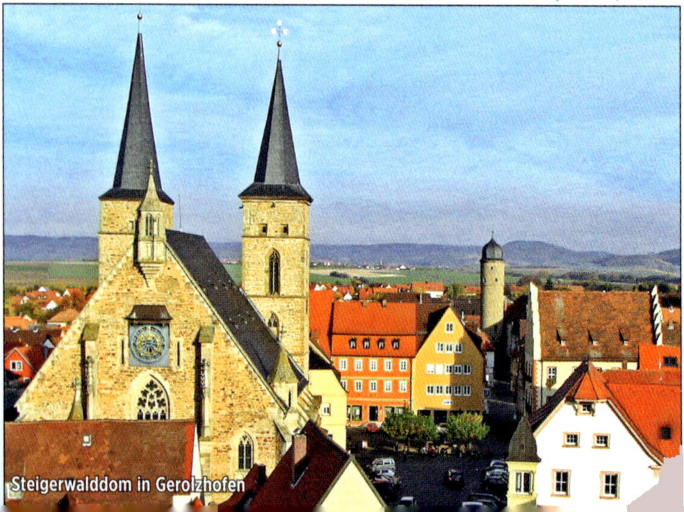

Steigerwalddom in Gerolzhofen

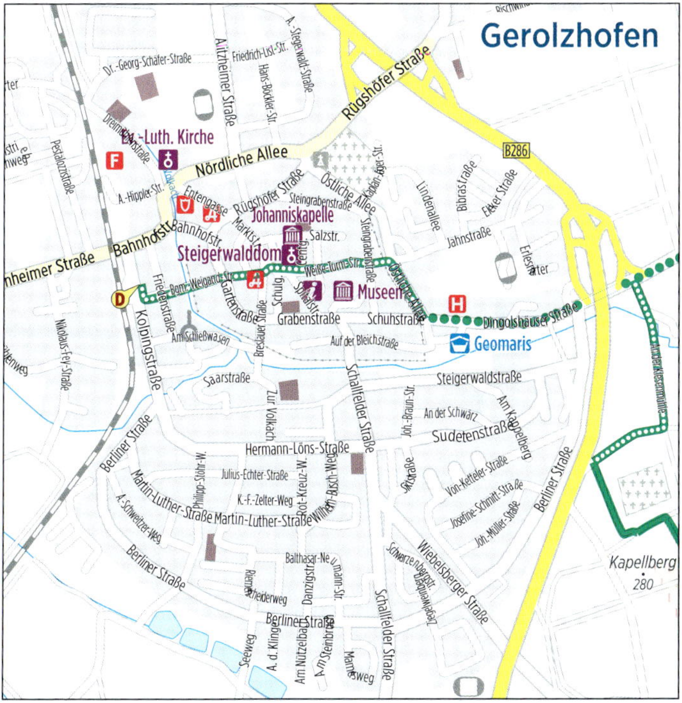

beeindruckenden „Steigerwalddom", im mittelalterlichen Rathaus oder in der historischen Altstadt mit ihrer doppelten Stadtmauer. Begonnen hat die Geschichte der heute knapp 7.000 Einwohner zählenden Stadt bereits in der Altsteinzeit. Siedlungs- und Urnenfelder weisen auf eine sehr frühe Landnahme hin, und auch die Hallstattzeit kann durch Funde einer Wallanlage auf der Vollburg belegt werden. Der Name „Gerolzhofen" stammt vermutlich aus dem 8. Jahrhundert, als „Gerolteshove in Folcfelden" dem Kloster Fulda geschenkt wurde. Der Name bedeutet soviel wie „Zum Hof des Gerold" – die Gerolde waren damals ein führendes, fränkisches Hochadelsgeschlecht.

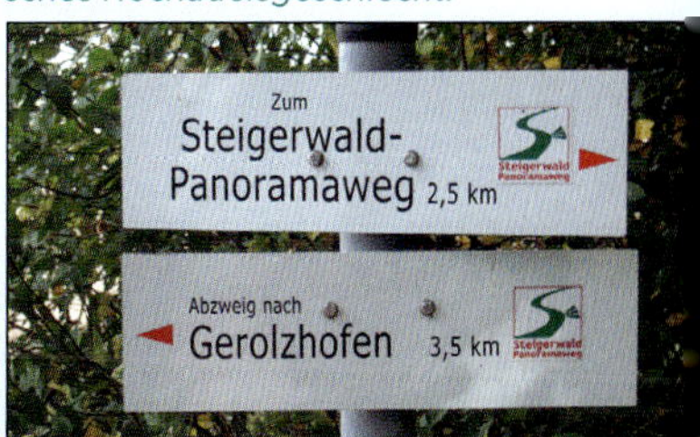

Etappe 7

Etappe 7 18,8 km

Michelau - Eschenau

Start: Michelau
Ziel: Eschenau
Aufstieg: 427 m
Abstieg: 421 m
Gehzeit: 4,5 - 5 Std.
Hartbelag: 16 %
Wanderwege: 78 %
Wanderpfade: 5 %

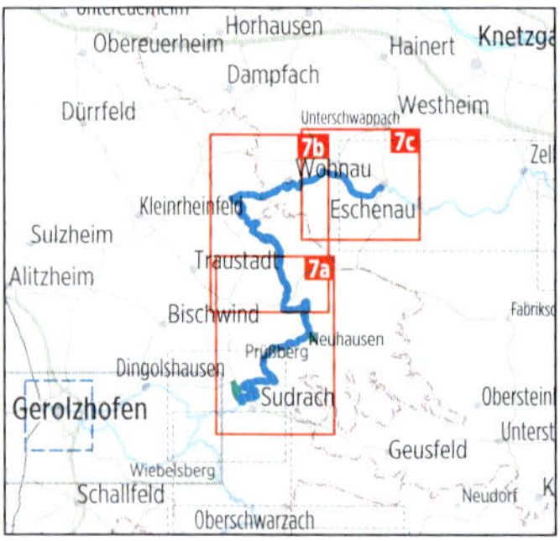

Über den Zabelstein

Die Wanderung führt zunächst von Michelau auf den aussichtsreichen Eulenberg und durch ein Naturschutzgebiet. Dann werden die ausgedehnten, siedlungsarmen Buchenwälder des nördlichen Steigerwaldes durchwandert. Von diesen war der westliche Steigerwald vor 150 Jahren noch zu 90 Prozent bedeckt. Erfreulicherweise blieben hier im nördlichen Steigerwald noch große Bestände erhalten, welche als ökologisch äußerst wertvoll gelten, da hier viele Lebewesen ein Rückzugsgebiet gefunden haben. Ein weiterer Höhepunkt ist die Besteigung des Zabelsteins mit seinem stets zugänglichen Turm, der wohl die beste Aussicht des Steigerwaldes aufweist. Vorbei am Hang des Falkenberges gelangen Sie schließlich in den Weinort Falkenstein und über Wohnau und Oberschwappach nach Eschenau.

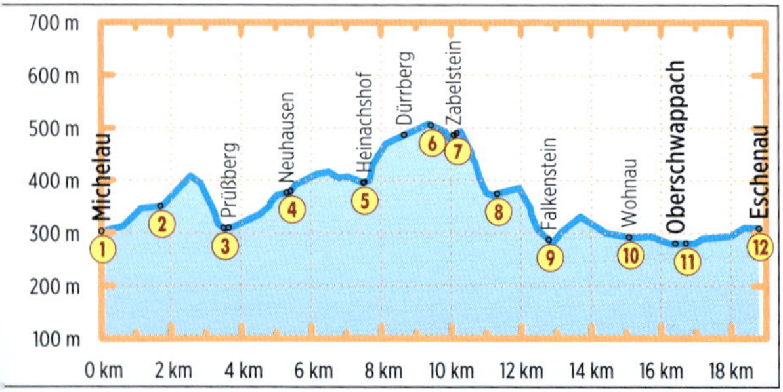

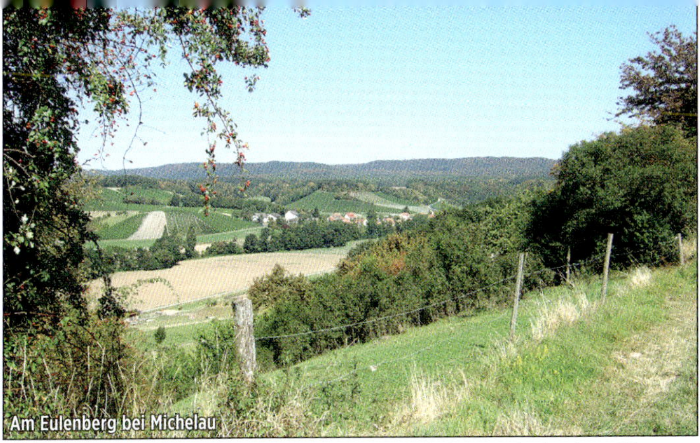

Am Eulenberg bei Michelau

Michelau

ANSCHLUSS Von der Ortsmitte Michelau gelangen Sie in rund 600 m von der Hauptstraße und der Straße Oberdorf zum Steigerwald-Panoramaweg.

1 0,0 (305) Auf der **Straße 2274** gehen Sie ein Stück rechts in Richtung Sudrach, dann nach 50 m links in die Straße **Oberdorf** ⤳ beim Weiher rechts Richtung **Oberdorfgraben** ⤳ an einem Abzweig links und bergauf ⤳ auf der Höhe des **Eulenberges** biegen Sie links ab und wandern entlang an der Hangkante.

AUSSICHT Am folgenden Aussichtspunkt mit Panoramatafel und Unterstand blicken Sie auf Michelau, nach Dingolshausen und Gerolzhofen, zur Kirche bei Bischwind und über die Mainfränkische Platte bis zur Rhön.

Weiter am Hang entlang ⤳ in Bögen vor dem Wald entlang.

2 1,7 (350) Der Weg endet an einem Fahrweg, hier links und gleich wieder rechts entlang des Waldrandes ⤳ Sie queren ein waldfreies Stück ⤳ wieder in den Wald hinein ⤳ abwärts an den Waldrand, wo ein breiter Weg erreicht wird, auf den Sie links abbiegen ⤳ nach dem **Sportplatz** rechts.

3 3,5 (310) Am **Rastplatz** vorbei und links auf die **Vollburgstraße** ⤳ in Prüßberg zur Ortsmitte.

Prüßberg (Michelau im Steigerwald)

Vollburg, Vollburgstr. 9, ✆ 09382/1531, Fr-Mo, @ qsd153

Nach dem Gasthaus Vollburg rechts in die Straße **Spitalgrund** abbiegen ⤳ bei der Kreuzung mit Bildstock geradeaus weiter in das **Naturschutzgebiet Spitalgrund** im Aubachtal ⤳ ein kleines Tal samt Bach queren ⤳ bergauf durch den Wald ⤳ am Waldrand entlang.

4 5,4 (380) An der Weggabelung vor einer Pferdekoppel bei Neuhausen biegen Sie links ab.

AUSFLUG Wenn Sie hier rechts gehen, kommen Sie auf dem Fahrweg nach Neuhausen – zum Einkehren oder Übernachten.

Neuhausen (Michelau im Steigerwald)

Hexenhäusle, Wirtsg. 2, ✆ 09382/315222, Do-So, Fei, @ bhi114

Nach wenigen Metern auf einem Pfad rechts weiter ⤳ nach einem breiten Weg an der T-Kreuzung links auf die Forststraße ⤳ diese führt bogenförmig durch das **Grundbachtal**, wo ein **Aufschluss mit Schilfsandstein** passiert wird.

Staatsforst Hundelshausen. Das große, zusammenhängende Waldgebiet, in dem die Buche dominiert, gilt als außerordentlich wertvolles Biotop mit seltenen Vogel- und Insektenarten.

5 7,5 (395) An der T-Kreuzung beim Heinachshof rechts abbiegen.

Heinachshof

An der **SW 52** wenige Meter rechts, dann links bergauf Richtung Zabelstein ⤳ an einer Weggabelung links auf einen Pfad ⤳ der folgende breite Weg führt auf einen Bergrücken.

6 9,4 (495) Am Fahrweg links Richtung Zabelstein ⤳ vorbei an der Zufahrt zum Sendeturm ⤳ beim Wegepunkt an einer Mauer rechts abbiegen Richtung Aussichtspunkt und vorbei an einer **Toilettenanlage** ⤳ an der Nordostseite des Bergsporns entlang, Sie kommen hier an einem geologischen Aufschluss im Blasensandstein vorbei ⤳ an der Weggabelung geradeaus.

7 10,2 (490) Auf einer Verebnung an der Spitze des Bergsporns befindet sich wiederum eine Infotafel ⤳ ein Pfad führt hoch zum **Turm** und dem **Haus des Steigerwaldklubs**.

Zabelstein (Donnersdorf)

Aussichtsturm Zabelstein. Ende 2020 wurde in Holz-Stahlbauweise ein neuer Aussichtsturm errichtet, der um die 20 m hoch ist. Der Blick reicht vom Schwanberg im Süden über den Spessart im Westen, die Rhön, die Haßberge, die Gleichberge, den Thüringer Wald im Norden und die Fränkische Alb im Nordosten. Mehr als 200 m unterhalb liegt das Mainland mit seinen Ortschaften.

Ausschank Frey am Zabelstein, ✆ 09524/6653, Ostern-Okt., Sa, So/Fei ab 12 Uhr, @ qmj477

Der 489 Meter hohe Zabelstein bildet die Nordwestkante des Steigerwaldes. Von dem die 500-Meter-Marke überschreitenden Turm bietet sich eine großartige Aussicht. Man blickt hinab auf das Mainland – dieses „umrahmen Berg und Hügel", so wie es Viktor von Scheffel bereits vor über 150 Jahren in seinem zeitlosen Frankenlied besungen hat. Der Gipfel des Berges besteht aus Blasensandstein, der unterhalb der ehemaligen Burg aufgeschlossen ist. Die Burg wurde im 12. Jahrhundert erbaut und kam 1303 an das Bistum Würzburg, das hier zeit-

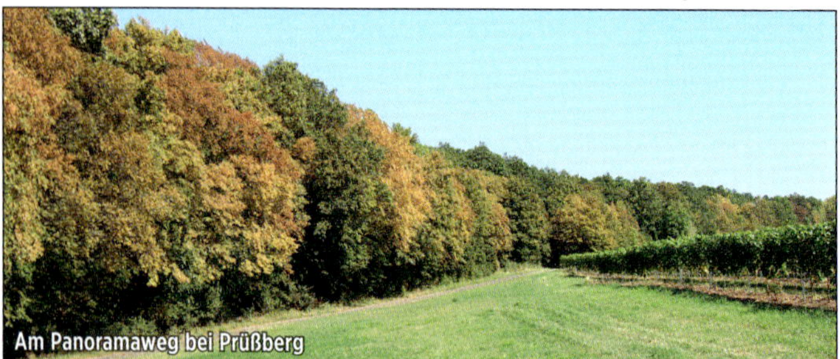

Am Panoramaweg bei Prüßberg

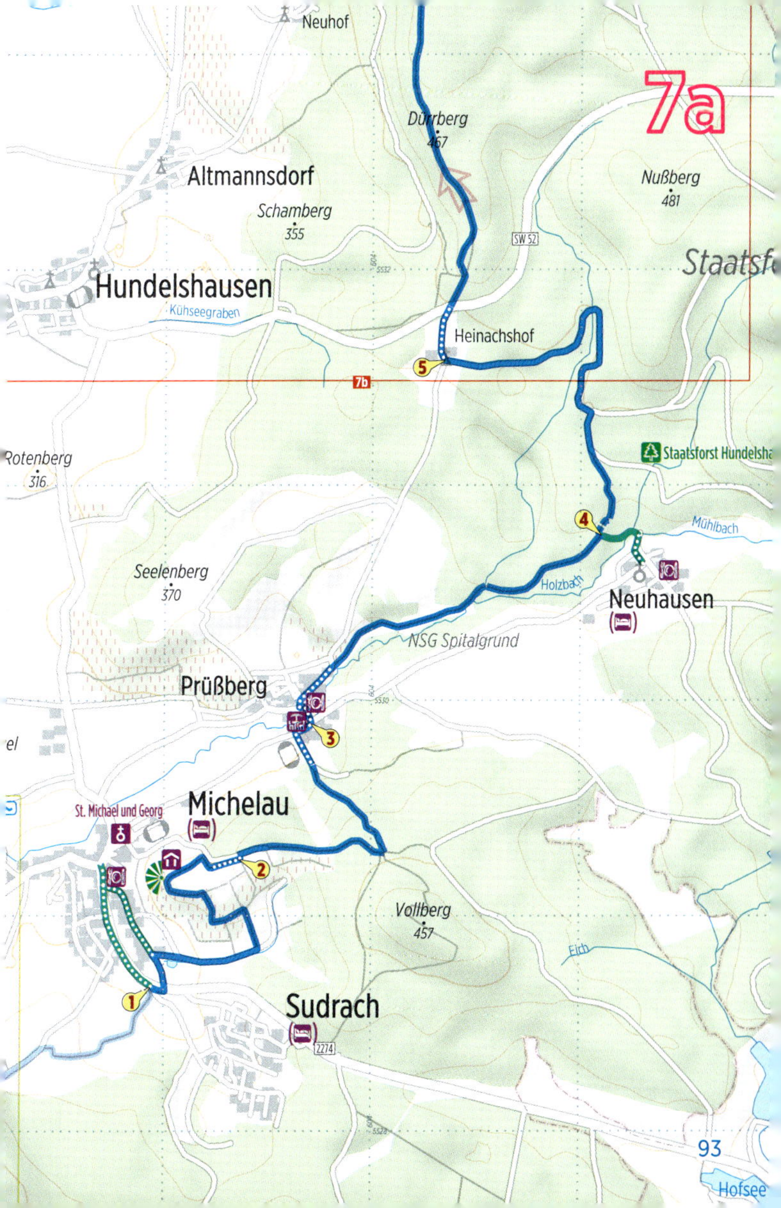
Neuhof
7a
Dürrberg
467
Altmannsdorf
Schamberg
355
Nußberg
481
SW 52
Staatsf
Hundelshausen
Kühseegraben
Heinachshof
5
7b
Rotenberg
316
Staatsforst Hundelsha
4
Mühlbach
Seelenberg
370
Holzbach
Neuhausen
NSG Spitalgrund
Prüßberg
3
Michelau
St. Michael und Georg
2
Vollberg
457
Eich
1
Sudrach
2274
Hofsee

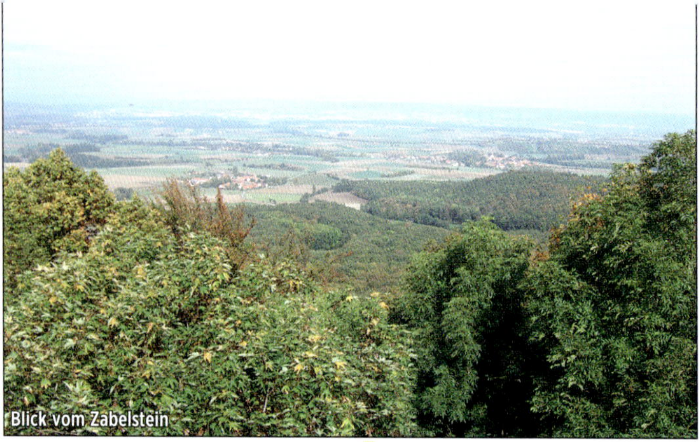

weilig seine Wertgegenstände ausgelagert hatte. Nach Beschädigung im Bauernkrieg und Wiederherstellung brannte die Anlage 1689 ab.

Wieder hinab zum Weg und weiter im Linksbogen auf dem Bergsporn ⁓ an einem Abzweig rechts abwärts Richtung Falkenstein ⁓ zunächst auf einem Pfad am steilen Hang entlang ⁓ einen Weg queren ⁓ weiter abwärts ⁓ an dem breiten Weg rechts.

8 11,3 (375) Dann biegt die Route links ab und verläuft am Falkenberg entlang des Weinberges.

Falkenberg

Am Falkenberg befindet sich einer der schönsten Weinberge Frankens. Die kleinräumigen Anlagen mit 50 Weinbergshäuschen und der Sankt-Anna-Kapelle sind ein schützenswertes Kleinod. Unmittelbar darüber verläuft der Panoramaweg und bietet außerdem noch Aussicht und einen Aufschluss im Gipskeuper.

Weiter bergab durch den Wald ⁓ Sie verlassen den Wald.

9 12,8 (285) An der T-Kreuzung vor Falkenstein rechts.

Falkenstein (Donnersdorf)

Gasthaus Krapf, Falkenstein 8, ✆ 09528/415, Mi-So ab 11.30 Uhr, Fr ab 15 Uhr

Wieder durch Wald ⁓ an einer Wegekreuzung und wenige Meter danach am Bildstock geradeaus ⁓ vom Waldrand haben Sie Aussicht auf die Haßberge und die Fränkische Alb.

AUSSICHT: Am folgenden Waldrand sieht man rechts den Großen Knetzberg, der auf der 8. Etappe überschritten wird.

Vorbei am **Weiher** ⁓ an einem Bach entlang wandern Sie an den Ortsrand von Wohnau.

Wohnau (Knetzgau)

Steinmetz, Zabelsteinstr. 17, ✆ 09528/239, an ausgewählten Tagen, @ ckn611

Der Ort wird rechts umwandert.

10 15,1 (290) Vor dem kleinen **Friedhof** biegen Sie rechts ab, dann nach 200 m links ⁓ weiter zwischen Feldern und Gehölzen ⁓ am Ortsrand

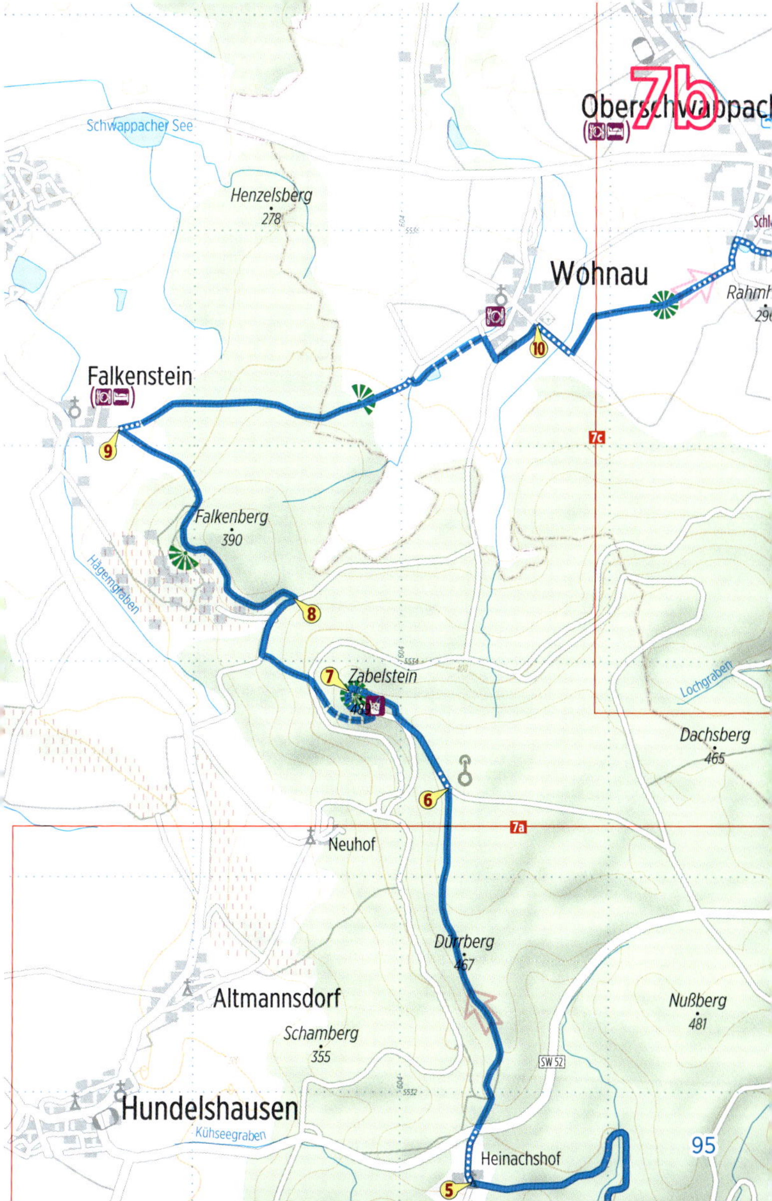
7b
Oberschwappach
Schwappacher See
Henzelsberg
278
Wohnau
Rahmb
Falkenstein
10
9
7c
Falkenberg
390
Hägemgraben
8
7
Zabelstein
489
Lochgraben
Dachsberg
465
6
7a
Neuhof
Dürrberg
467
Altmannsdorf
Nußberg
481
Schamberg
355
SW 52
Hundelshausen
Kühseegraben
Heinachshof
5

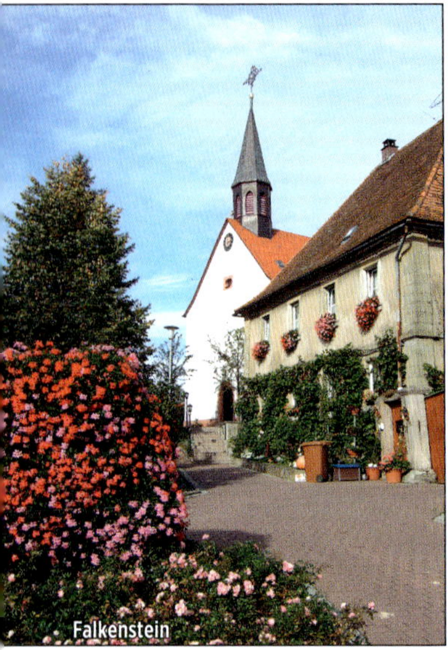

von Oberschwappach links, dann rechts abbiegen in die Straße **Im Hütlein** und an einem **Weiher** vorbei ⁓ über die **Straße Hofleite** zur Schlossstraße.

11 16,7 (280) An der **Schlossstraße** biegen Sie rechts ab.

INS ZENTRUM Für den Besuch des Schlosses biegen Sie links auf die Schlossstraße ab und gehen nach 350 m erneut links.

Oberschwappach (Knetzgau)

Vorwahl: 09527

Museum im Schloss, Schlossstr. 1, ✆ 790, ⌚ So/Fei 14-17 Uhr. Barocke Kunst, die eine Brücke zwischen Himmel und Erde schlagen möchte, ist hier ausgestellt. Gemälde, Skulpturen und Goldschmiedearbeiten, hauptsächlich mit religiösen Motiven, von fränkischen Künstlern können in mehreren Prunkräumen besichtigt werden. @ mpy572

Pfarrkirche St. Barbara, Scherenbergstr. In der Kirche aus dem 18. Jh. finden sich Holzfiguren aus der Zeit um 1500.

Schloss Oberschwappach, Schlossstr. 1. Im früheren, barocken Sommersitz der Äbte von Ebrach aus dem Jahre 1730 sind heute ein Restaurant und ein Museum untergebracht.

Schlossrestaurant Zeitlos, Schlossstr. 6, ✆ 9518214, ⌚ Fr-So, @ ali657

Zum Stern, Scherenbergstr. 17, ✆ 577, ⌚ Mo, Mi, Do, So/Fei

Auf der Hauptroute in Richtung Eschenau nach wenigen Schritten links abbiegen ⁓ vorbei an einem **Weiher** ⁓ den Löhrenbach queren ⁓ vorbei am **Sportplatz** ⁓ im weiten Linksbogen wandern Sie zwischen Wiesen und Feldern ⁓ an der **Gangolfsbergstraße** rechts.

12 18,8 (310) An der Kreuzung mit der **August-Wacker-Straße**, wo sich das Gasthaus Zum Böhlgrund befindet, haben Sie das Etappenziel erreicht.

Eschenau (Knetzgau)

Kirche, Am Kirchberg. Die Kirche befindet sich etwas außerhalb des Ortes. Sie besitzt einen Chorturm aus der Zeit um 1600. Das Langhaus und die Ausstattung entstanden im 18. Jh.

Gasthof Zum Böhlgrund, August-Wacker-Str. 25, ✆ 09527/376, @ atp748

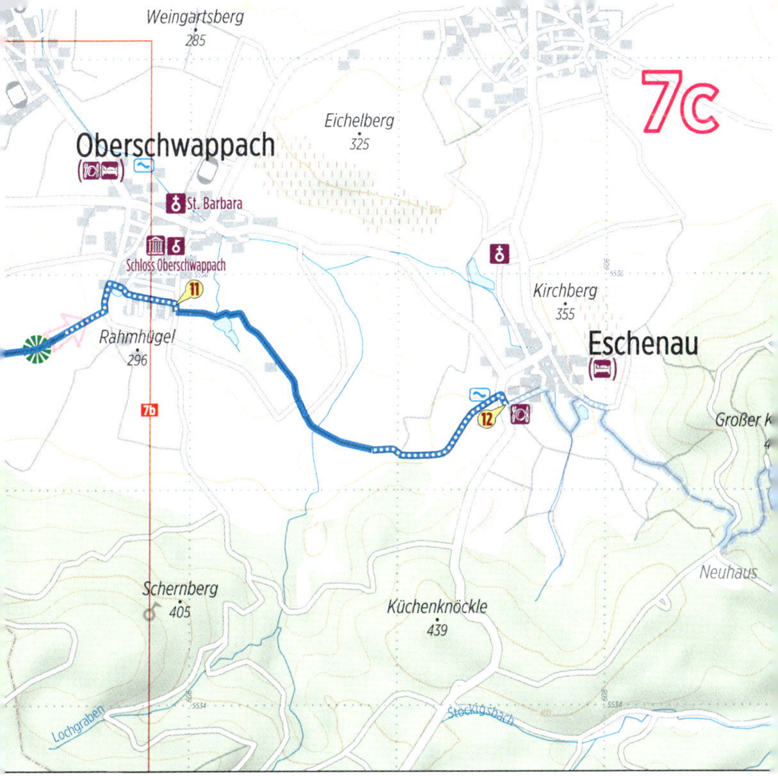

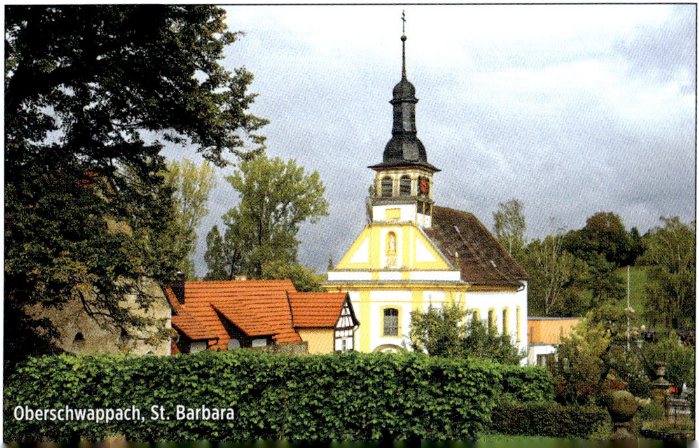
Oberschwappach, St. Barbara

Etappe 8 — 23,9 km

Eschenau - Eltmann

Start: Eschenau
Ziel: Eltmann, Wallburg
Aufstieg: 565 m
Abstieg: 567 m
Gehzeit: 5,5 - 6,5 Std.

Hartbelag: 23 %
Wanderwege: 56 %
Wanderpfade: 20 %

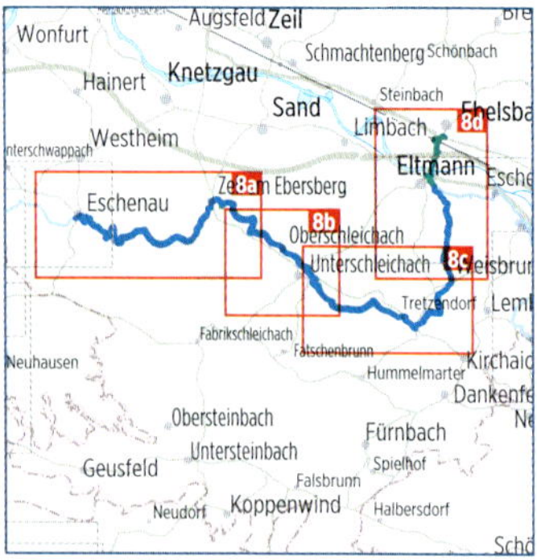

Auf den Spuren der Kelten

Bei einer Streckenlänge von rund 24 Kilometern und 565 Meter Anstiegen handelt es sich hier um eine anspruchsvolle Bergwanderung - aber die großartige und abwechslungsreiche Route wird jeden Wanderer begeistern. Die Besteigung des Großen Knetzberges erinnert an die Kelten, die hier einst eine bedeutende Höhensiedlung hatten. Nach einem schönen Aussichtspunkt wird das freundliche Zell am Ebersberg erreicht, wo es mit der Besteigung des Schlossberges wieder bergig wird. Im Aurachtal mit seinen Weihern und Siedlungen befindet man sich im Bereich der Ostabdachung des Steigerwaldes. Schließlich wird

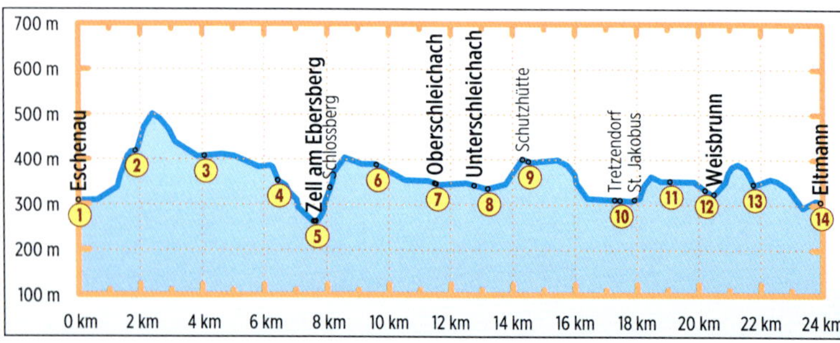

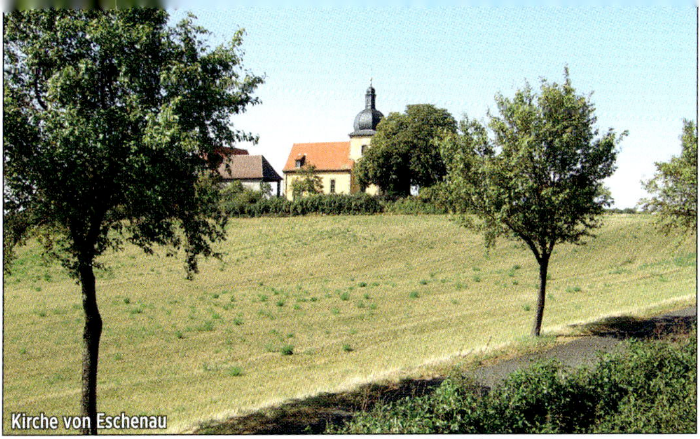

Kirche von Eschenau

noch der Höhenzug zwischen dem Aurach- und dem Maintal überschritten und die ehemalige Wallburg bestiegen, ehe man nach Eltmann absteigt, um zu übernachten oder zum Bahnhof nach Ebelsbach zu gehen.

Tipp: Eine Halbierung der langen Etappe ist durch Übernachtung in Oberschleichach möglich.

Eschenau

1 0,0 (310) Vom Gasthaus Zum Böhlgrund gehen Sie auf der **August-Wacker-Straße** Richtung Ortsmitte ~ rechts und um einen Weiher mit Kneippanlage herum ~ an der **Eulengasse** rechts ~ nach ca. 150 m rechts Richtung Wald ~ durch den Wald hinauf zur Siedlung Neuhaus.

Neuhaus

2 1,8 (420) Am breiten Weg am ehemaligen Forsthaus links, dann kurz darauf rechts abzweigen und steil bergauf ~ bis auf den Großen Knetzberg mit **Sitzgruppe** und **Infotafel**.

Großer Knetzberg

Auf dem Großen Knetzberg befindet sich ein Plateau mit einer Ausdehnung von etwa 25 Hektar. Durch die Begrenzung von ziemlich steilen Hängen eignete sich das Gelände besonders gut zur Anlage einer befestigten Siedlung. Reste einer ehemaligen Wallanlage sind heute noch zu erkennen. Die wichtigste Besiedlungsphase begann in der mittleren und späten Bronzezeit, etwa 1.400 v. Chr. und endete in der Urnenfelderzeit 1.000 v. Chr. Die Besiedlung wird durch zahlreiche Funde belegt. Auch der abseits des Panoramaweges gelegene Kleine Knetzberg war in der Keltenzeit besiedelt. Wallreste sind ebenfalls noch vorhanden.

Der Abstieg führt wieder zu einer Forststraße ~ dem Wegeverlauf abwärts folgen zu einem **Sattel**.

3 4,1 (405) An der Wegekreuzung zwischen dem Großen und Kleinen Knetzberg rechts halten ~ um den Kleinen Knetzberg und um den Hollacher Berg herum.

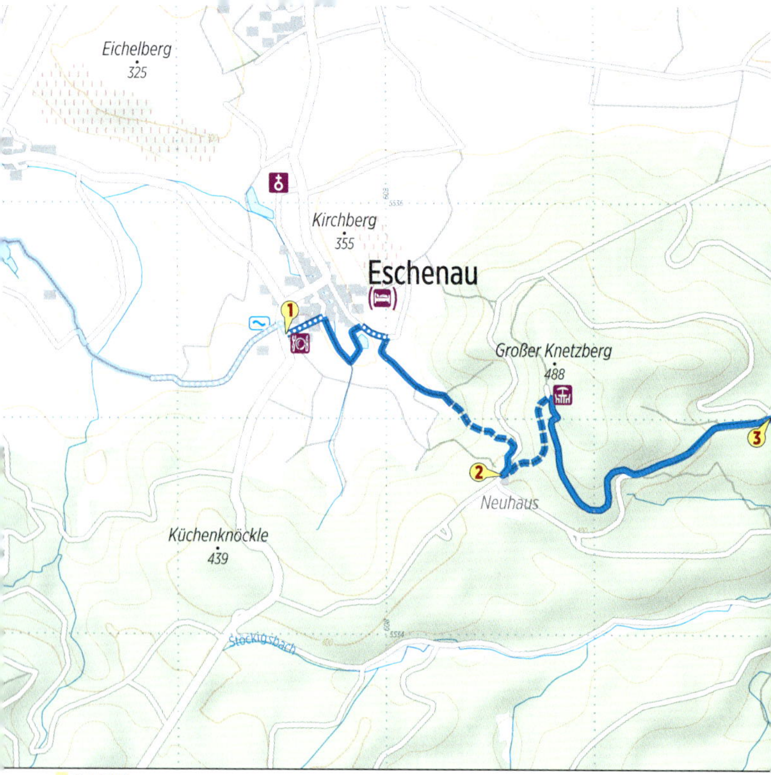

4 6,4 (355) Am Waldrand dem Wegeverlauf schräg rechts folgen ⤳ Sie wandern mit schöner Aussicht zu den **Haßbergen** ⤳ vor den Häusern rechts ab ⤳ über einen Bach, dann links in die **Hintere Gasse** ⤳ rechts durch eine Gasse zur **Zeller Hauptstraße**.

Zell am Ebersberg (Knetzgau)

Pfarrkirche, Zeller Hauptstr. Im Untergeschoss des Turms sind Reste einer gotischen Kirche aus dem 14. Jh. erhalten. Von der alten Ausstattung gibt es noch zwei spätgotische Heiligenfiguren und ein steinernes Sakramentshaus.

Heckenwirtschaften. Im Ort gibt es mehrere Heckenwirtschaften, die jeweils an den Wochenenden zwischen Ostern und Pfingsten sowie um Sept./Okt. geöffnet haben.

Zum alten Bach, Sander Str. 4, 09529/284, Di-Sa 17-22 Uhr, So auch 11-14 Uhr, @ wgi317

In Zell am Ebersberg ist urkundlich belegt, dass bereits seit 1327 Wein angebaut wird. Auf dem Schlossberg befand sich in der Frankenzeit ein

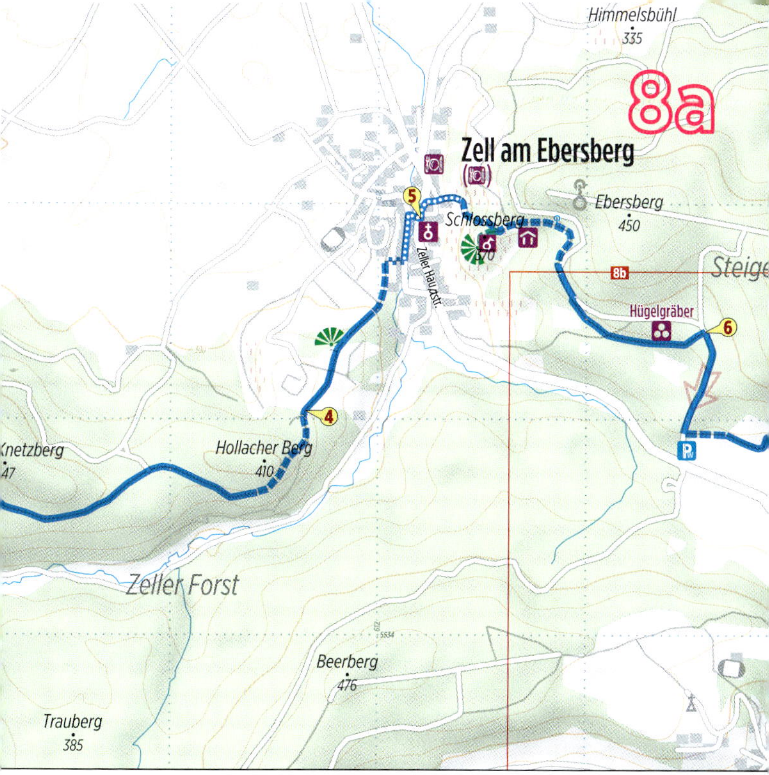

Turmhügel zur Bewachung der Straße von Schweinfurt nach Bamberg. 1115 entstand durch das Bistum Bamberg eine Burg zur Sicherung des bischöflichen Besitzes in dieser Gegend. Nach deren Zerstörung im Bauernkrieg und Wiederaufbau wurde die Burg im Dreißigjährigen Krieg durch die Schweden endgültig zerstört. Heute befindet sich hier ein beliebter Rastplatz und Aussichtspunkt. Der abseits des Schlossberges gelegene Eselsbrunnen diente einst als Wasserstelle, von der aus mit Eseln Wasser zur Burg transportiert wurde.

Östlich von Zell gibt es Hügelgräber aus der Zeit zwischen 1.200 und 500 v. Chr.

5 7,6 (265) Auf der **Zeller Hauptstraße** links, dann rechts abbiegen und auf der **Schlosssteige** zum Wald ⤳ auf einem Hohlweg steil bergauf ⤳ Sie erreichen den **Sattel** zwischen Schlossberg und Ebersberg, wo sich auch eine **Hütte** mit Unterstellmöglichkeit befindet.

TIPP In wenigen Minuten können Sie von hier aus auf den Schlossberg wandern, wo Sie eine schöne Aussicht erwartet.

Schlossberg

Burg Ebersberg. Von der im Dreißigjährigen Krieg zerstörten Höhenburg sind noch Mauerreste zu finden.

Die Route des Panoramaweges verläuft zunächst weiter am Hang entlang ⁓ vorbei am Eselsbrunnen ⁓ rechts auf den querenden Forstweg, dann nach gut 100 m nach rechts abzweigen in den Waldweg und gleich wieder links ⁓ vorbei an Hügelgräbern.

6 9,5 (390) An der T-Kreuzung rechts weiter ⁓ am Waldrand links ⁓ über Wiesen wandern Sie nach Oberschleichach.

Oberschleichach (Oberaurach)

Landhaus Oberaurach, Steigerwaldstr. 23, ✆ 09529/92200, Di-So, @ pmr641

Brauereigasthof Zenglein, Pfarrer-Baumann-Str. 23, ✆ 09529/92240, Fr-Mo, @ dqo222

Oberschleichach und die folgenden Orte Unterschleichach, Tretzendorf und Trossenfurt gehören zur Großgemeinde Oberaurach. Funde aus der Jungsteinzeit weisen hier auf eine frühe Besiedlung hin. Im 8. Jahrhundert erfolgte die erste urkundliche Erwähnung von Ober- und Unterschleichach. Im 17. Jahrhundert wurden hier Glas und Glaswaren hergestellt. Im 19. Jahrhundert spielte besonders die Steinhauerei ein große Rolle – man sprach sogar vom „Grauen Gold". Zwischen Zell am Ebersberg und Eltmann waren etwa 1.100 Steinhauer beschäftigt. Bekannte Gebäude wie z. B. das Kurhaus in Bad Kissingen und die Baumwollbörse in Hamburg wurden aus dem Sandstein des Steigerwaldes und den Haßbergen errichtet. Der Transport erfolgte über Eltmann und den Wasserweg.

7 11,5 (345) Nach dem Rechtsbogen biegen Sie links ab auf die **Steigerwaldstraße** ⁓ am Ortsende weiter nach Unterschleichach.

Unterschleichach (Oberaurach)

Auf der **Ziegelhüttenstraße** zur **Scheidbergstraße** und dort rechts abbiegen ⁓ vor der Wiese mit der Kapelle links ⁓ rechts der Aurach entlang.

8 13,2 (335) Vor der **Kläranlage** rechts hoch ⁓ am querenden Weg links zu einem Naturschutzgebiet mit **Infotafel** ⁓ durch Wald aufwärts.

Dachsbauhütte

9 14,5 (395) Bei der **Dachsbauhütte** dem Weg weiter Richtung Tretzendorf folgen ⁓ zunächst durch Wald ⁓ dann links und anschließend im Rechtsbogen hinab zu den **Tretzendorfer Fischweihern** ⁓ an den Weihern entlang ⁓ auf der **Seestraße** zur **Rathausstraße** und diese links versetzt queren in den **Parkweg** ⁓ am Bach entlang, dann rechts halten und vorbei am Weiher zum **Rathaus**.

Tretzendorf (Oberaurach)

Rathaus, Rathausstr. Das Rathaus befindet sich im ehemaligen Schloss. Der sehenswerte Bau mit Mansardendach beherbergt ein sehr schönes, renoviertes Treppenhaus.

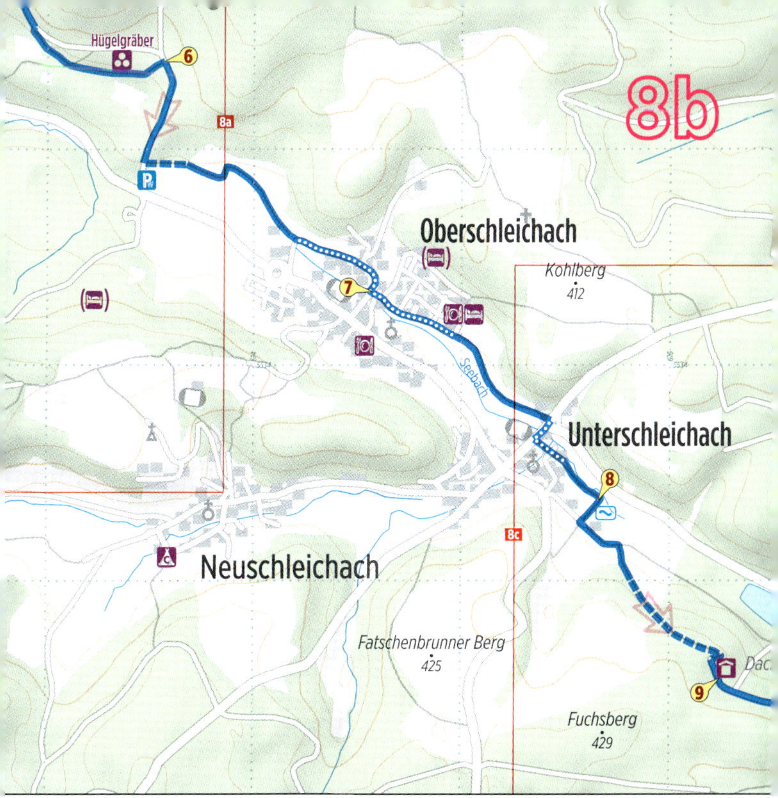
8b
Hügelgräber
6
8a
Oberschleichach
Kohlberg
412
7
Seebach
Unterschleichach
8
8c
Neuschleichach
Fatschenbrunner Berg
425
9
Fuchsberg
429

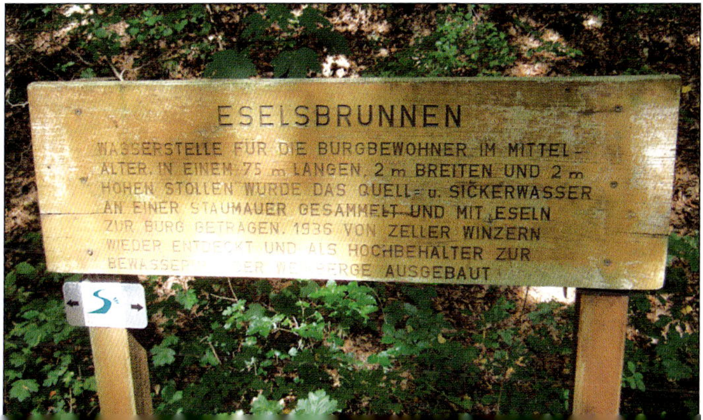
ESELSBRUNNEN
WASSERSTELLE FÜR DIE BURGBEWOHNER IM MITTEL-
ALTER. IN EINEM 75 m LANGEN, 2 m BREITEN UND 2 m
HOHEN STOLLEN WURDE DAS QUELL- u. SICKERWASSER
AN EINER STAUMAUER GESAMMELT UND MIT ESELN
ZUR BURG GETRAGEN. 1936 VON ZELLER WINZERN
WIEDER ENTDECKT UND ALS HOCHBEHÄLTER ZUR

10 17,4 (310) An der **Rathausstraße** links ↝ weiter Richtung Trossenfurt.

Trossenfurt (Oberaurach)

St. Jakobus, Kirchberg. Die Kirche besitzt romanische und gotische Bauteile und erweckt den Eindruck einer Wehrkirche. Die Holzdecke mit barockem Rahmen stammt aus dem 17. Jh., der barocke Hochaltar und die Kanzel aus dem 18. Jh.

Brauerei Roppelt, An der Steige 2, ✆ 09522/1840, ◷ Mi-Mo, @ ekb358

Der Hummelhof, Hummelhof 1, ✆ 09522/5553, @ lfl464

Gastwirtschaft Zum Steigerwald, Klingenstr. 3, ✆ 09522/1683

Links in die **Raiffeisenstraße** ↝ über die Aurach und wenig später rechts ↝ kurz durch Wald.

11 19,1 (350) An der T-Kreuzung mit einem **Bildstock** links ↝ vorbei an einem weiteren Bildstock ↝ über eine Anhöhe nach Weisbrunn ↝ auf dem **Trossenfurter Weg** in den Ort hinein.

Weisbrunn (Eltmann)

Alpaka-Hof Lipka, Dorfstr. 9, ✆ 09522/304878. Neben dem Hofladen kann auch die Alpaka-Herde selbst besucht

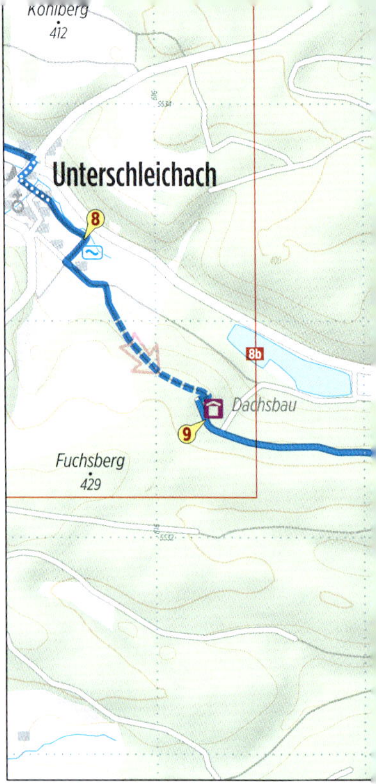

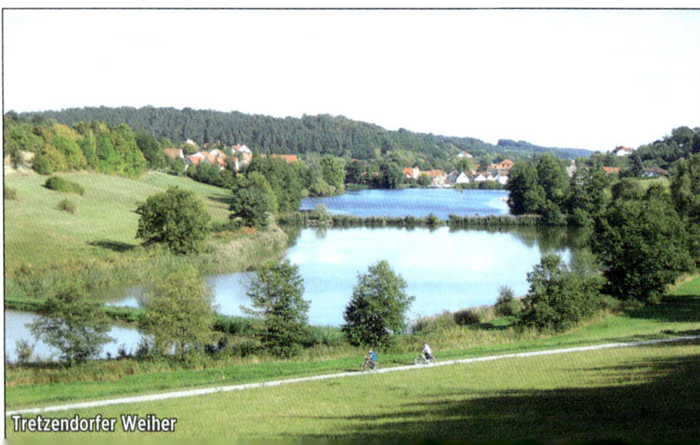

Tretzendorfer Weiher

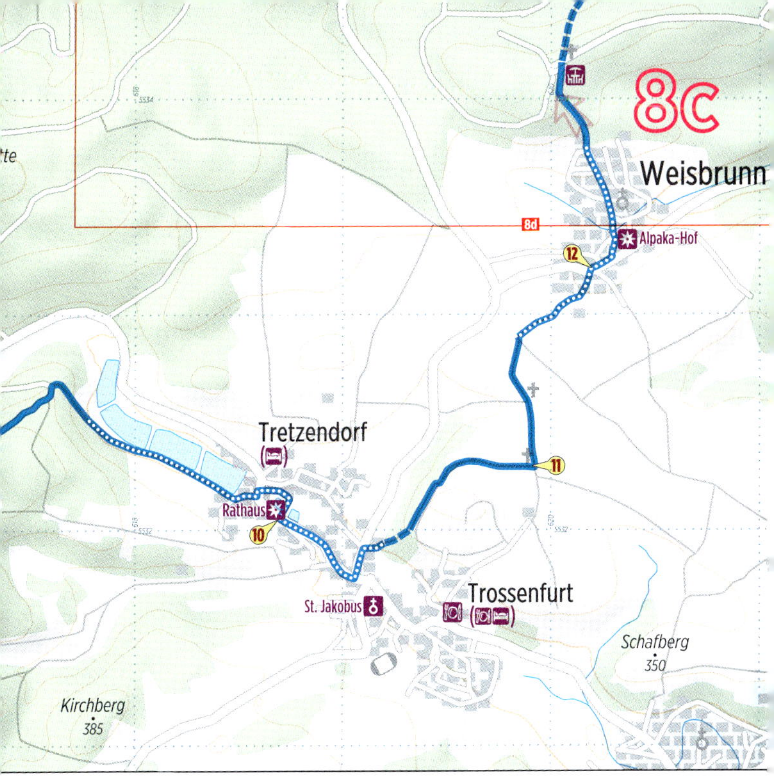

werden, ebenso sind Wanderungen mit Alpakas möglich - eine herrliche Erfahrung. @ eof773

12 20,2 (330) An der **Dorfstraße** rechts ⁓ dann links in den **Eltmanner Weg** und aus dem Ort hinaus ⁓ Sie wandern nun durch den Zeller Forst ⁓ bei einem **Bildstock** mit **Rastplatz** weiter in gleicher Richtung.

13 21,8 (345) Sie queren eine Forststraße ⁓ nach dem Waldrand verläuft der Weg zwischen Feldern ⁓ neben der Straße nun abwärts ⁓ am **Rastplatz** **Eselsbrunnen** vorbei ⁓ am Hang entlang zum Bergfried der **Ruine Wallburg** mit **Rastplatz** und Infotafel.

14 23,9 (305) Am Sträßchen haben Sie das Ende dieser Etappe erreicht.

INS ZENTRUM

Wenn Sie ins Ortszentrum von Eltmann oder zum Bahnhof nach Ebelsbach möchten, gehen Sie hier links und folgen dem Wegweiser Richtung Eltmann.

Zuweg nach Ebelsbach über Eltmann 2 km

Über Treppen steil abwärts ⁓ auf der **Schlosssteige** links, dann an der

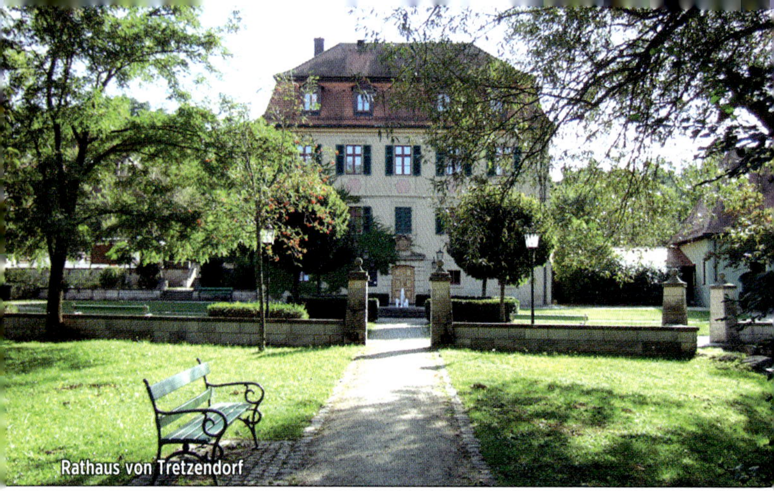

Weidengasse erneut links ~ rechts über den Bach in die **Schottenstraße** ~ an der Kreuzung am **Steinertsplatz** links zum **Marktplatz**.

Eltmann

Vorwahl: 09522

Stadt Eltmann, Marktpl. 1, ✆ 899-0, @ gck857

Heimatmuseum, Brunnenstr. 4, ✆ 1000 Geschichte der Stadt und des Umlandes. @ ccp378

Pfarrkirche, Johannes-Nas-Platz. Die Kirche von 1837 enthält noch Bauteile aus dem 13. und 15. Jh.

Wallburg, Wallburg 1, ✆ 89970. Auf einem Ausläufer des Steigerwaldes oberhalb Eltmanns sind von der ehemaligen Spornburg noch Geländespuren und der mittelalterliche Bergfried erhalten. Auf dem 28 m hohen Turm genießen Sie eine herrliche Fernsicht über das Maintal und den Steigerwald.

ritz - regionales Informations- und Tourismuszentrum für die Naturparke Steigerwald und Haßberge, Marktpl. 7, ✆ 89970, @ ipi415

Städtisches Freibad, Dr.-Georg-Schäfer-Str. 17, ✆ 800888, @ mdk546

ZUM BAHNHOF Zum Bahnhof Ebelsbach/Eltmann geht es rechtsseitig der B 26 über den Main und die A 70. Dahinter unterqueren Sie die B 26 und gelangen auf einer alten Straße zum Bahnhof (ca. 1,4 km). Von hier sind es bei Bedarf nur wenige Minuten bis ins Ebelsbacher Ortszentrum. Die gesamte Strecke ist mit dem Sieben-Flüsse-Wanderweg markiert.

Ebelsbach

Vorwahl: 09522

Schloss Ebelsbach, Stettfelder Str. Zweiteilige Renaissanceanlage, die vor einigen Jahren bei einem Großbrand schwer beschädigt wurde. Die Nebengebäude sind noch weitgehend intakt.

Pizzeria Di Maria, Stettfelder Str. 7, ✆ 5616, Mi-So, @ jot888

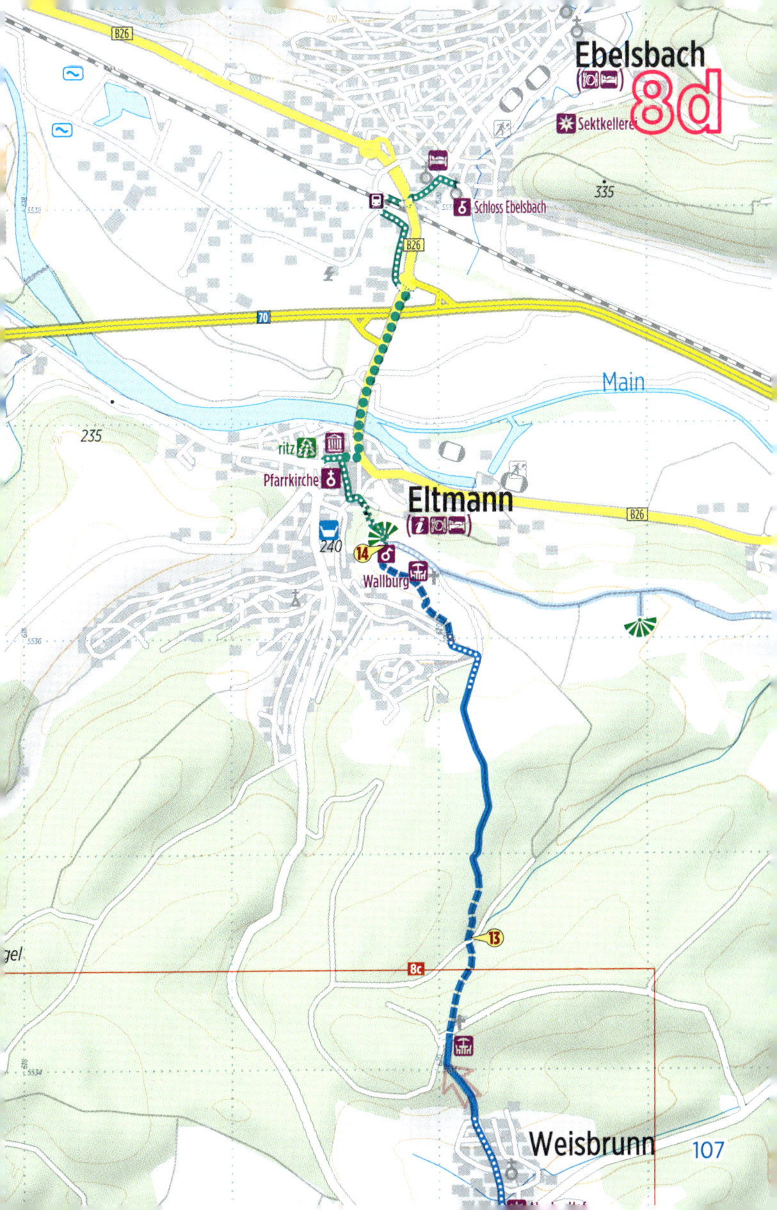
Ebelsbach
8d
Sektkellerei
335
Schloss Ebelsbach
B26
70
Main
235
ritz
Pfarrkirche
Eltmann
240
14
Wallburg
13
8c
gel
Weisbrunn

Etappe 9 24,4 km

Eltmann - Bamberg

Start: Eltmann, Wallburg
Ziel: Bamberg
Aufstieg: 508 m
Abstieg: 471 m
Gehzeit: 5,5 - 6,5 Std.
Hartbelag: 22 %
Wanderwege: 69 %
Wanderpfade: 9 %

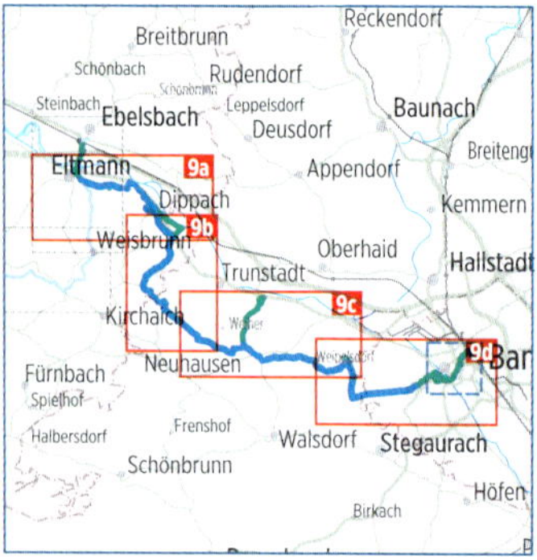

Auf Höhenwegen über dem Maintal

Mit mehreren Aussichtspunkten verläuft die Route auf Höhenwegen über dem Tal des Mains. Von oben blickt man zu den Haßbergen und bis zur Fränkischen Alb. Die Querung von einigen tief eingeschnittenen Seitentälern des Maintales erfordert Auf- und Abstiege, erhöht aber auch den Reiz der Wanderung beträchtlich. Bei Dippach a. Main führt die Route an einem Naturschutzgebiet entlang, wo sich die größte Graureiherkolonie Bayerns befindet. Der Panoramaweg erreicht bei dieser Etappe auch die sehenswerten Kirchen von Roßstadt und Tütschengereuth, bevor Sie am Ende des Weges an den Stadtrand

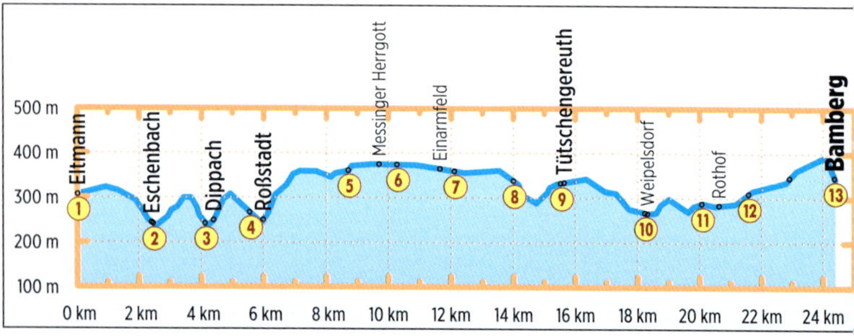

von Bamberg gelangen – die pittoreske Innenstadt zählt seit Jahren zum UNESCO-Weltkulturerbe.

Tipp: Am Ende der Etappe empfiehlt es sich als Alternative zum Bus, auch den Weg in die schöne Innenstadt und zum Bahnhof zu Fuß zurückzulegen. Da die ohnehin lange Etappe sich damit auf mehr als 28 Kilometer summiert, kann diese ggf. durch Übernachtung in Viereth halbiert werden.

Ebelsbach

ANSCHLUSS Ein Zuweg führt vom Bahnhof Ebelsbach/Eltmann ins Städtchen Eltmann, Sie können bis dorthin und weiter hinauf zur Wallburg der Markierung des Sieben-Flüsse-Wanderweges folgen.

Vom Bahnhof Ebelsbach/Eltmann zum Panoramaweg (2 km)

Ausgehend vom **Bahnhof** in Ebelsbach folgen Sie der **Industriestraße** ⤳ über eine alte Brücke auf den Fuß- und Radweg ⤳ nach der Unterführung entlang der Straße über die Autobahn und den Main ⤳ kurz nach dem Ende des straßenbegleitenden Rad- und Fußweges die Straßenseite wechseln und im sanften Linksbogen der **Brückenstraße** geradeaus in die **Promenade** ⤳ über den Bach, dann links versetzt auf die **Schlosssteige** ⤳ rechts abzweigen und über Treppen aufwärts bis zur Weggabelung mit **Infotafel** bei der **Ruine Wallburg**.

Eltmann

1 0,0 (305) An der Wegekreuzung bei der **Ruine Wallburg** – von Weisbrunn kommend – rechts Richtung Eschen-

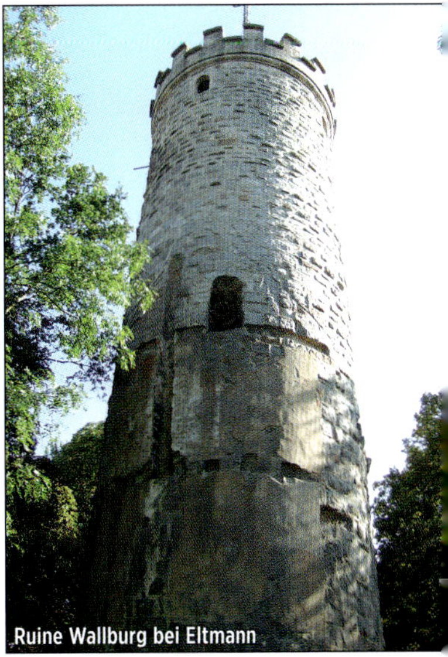

Ruine Wallburg bei Eltmann

bach ⤳ an einem **Kreuz** vorbei, gleich links halten und weiter auf dem Höhenweg.

AUSSICHT Ca. 1 km nach dem Kreuz führt rechts ein breiter Weg aufwärts zu einem Aussichtspunkt. Zu sehen sind Bamberg, der Turm der Altenburg und die Fränkische Alb.

Kurz nach der 14-Nothelferkapelle links ab und auf den **Wallbergweg**.

2 2,4 (240) An der **Eltmanner Straße** rechts.

Eschenbach (Eltmann)

- **Eschenbacher Privatbrauerei**, Eltmanner Str. 12, ✆ 09522/288. Neben dem Besuch des Ladens besteht auch die Option auf eine Brauereiführung. @ wew126
- **Fachwerkrathaus**. Das Gebäude verfügt über einen Glockenturm.

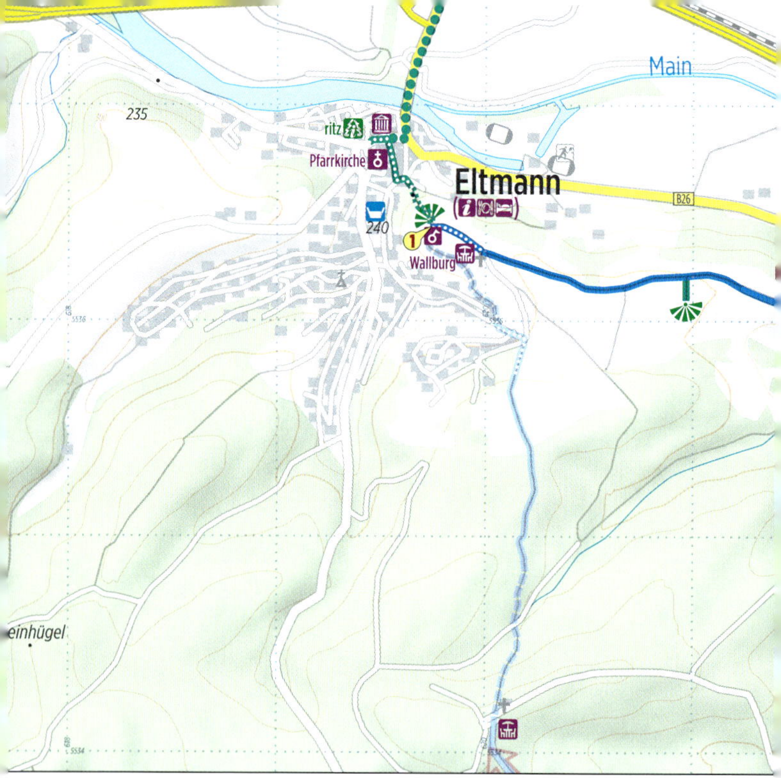

Bald rechts abzweigen und bergan auf dem **Hühnerbergweg** ⁓ weiter in Südost-Richtung an einem **Naturschutzgebiet** entlang ⁓ nach einem Fahrweg wandern Sie an Streuobstwiesen vorbei ⁓ oberhalb von Dippach folgen Sie dem Rechtsbogen ⁓ nach 300 m links abbiegen und hinab in den Ort.

3 4,1 (240) An der **Zehntstraße** rechts und an der Kirche vorbei.

VARIANTE Wollen Sie ein reizvolles Stück am Main entlang wandern und nach Graureihern Ausschau halten, folgen Sie dem Sieben-Flüsse-Radweg in Richtung Roßstadt, die Route finden Sie in Karte 9a.

Dippach am Main (Eltmann)

Vogelfreistätte Graureiherkolonie. Das Naturschutzgebiet am Main dient der Erhaltung des Graureihers und weiterer wassergebundener Organismen. Mit Vogelbeobachtungsturm.

Auf der Hauptroute biegen Sie rechts ab in die Straße **Am Greusenhof** und wandern wieder bergauf.

AUSSICHT Am folgenden Aussichtspunkt haben Sie einen schönen Blick auf die Baggerseen am Main, auf Bamberg mit der

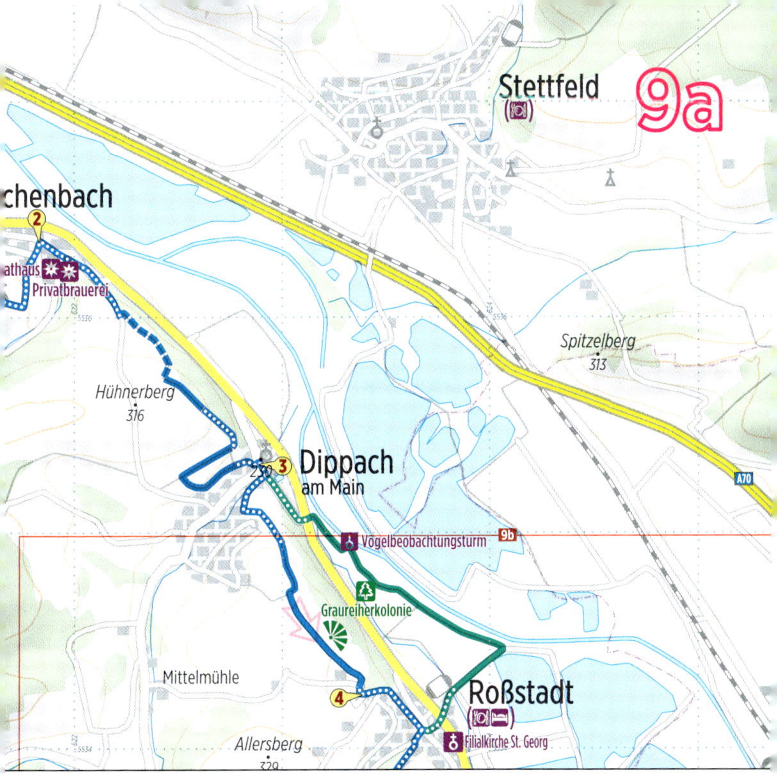

Altenburg und auf die Lange Meile der Fränkischen Alb.

Weiter an einem Naturschutzgebiet entlang.

4 5,6 (265) Am **Friedhof** die **Steige** hinunter zur **Brauereistraße**.

Roßstadt (Eltmann)

Vorwahl: 09522

- **Filialkirche St. Georg**, Kirchweg 7. Spätbarocker Saalbau mit Walmdach und Zwiebelhaube aus dem Jahr 1748.
- **Engel**, Frankenstr. 18, ✆ 439, @ vtm777
- **Landgasthof Schramm**, Frankenstr. 24, ✆ 399, Di-So, @ mxb735

Am Ende der Steige rechts in die **Brauereistraße** und aufwärts, dann links abzweigen auf einen Weg, der abwechselnd über Rodungsflächen, durch Wald und dann am Waldrand entlang führt ~ an der folgenden Wegekreuzung bietet sich eine Aussicht Richtung Osten ~ geradeaus weiter bis zur **Straße BA 17**, die nur kurz berührt wird.

5 8,7 (360) Beim **Rastplatz** mit dem Kreuz weiter über eine Lichtung ~ am Saum des Waldes entlang zum

Messinger Herrgott ⁓ an der **Straße HAS 25** links ⁓ anschließend scharf nach rechts.

6 10,3 (375) Wieder zur Straße, die hier **BA 17** heißt und abermals nur gestreift wird ⁓ nun folgt der Panoramaweg ziemlich gerade dem Waldrand ⁓ vorbei an zwei Abzweigen nach Priesendorf ⁓ Sie passieren einen weiteren **Aussichtspunkt** zur nördlichen Frankenalb.

7 12,1 (360) Danach an der Straße rechts, dann die Vorfahrtsstraße überqueren und schräg rechts gegenüber in den Wirtschaftsweg ⁓ nach 200 m weiter geradeaus ⁓ an der Straße links halten, der Asphalt endet kurz darauf gleich wieder ⁓ unterhalb eines Wäldchens vorbei.

8 14,0 (335) 400 m danach biegen Sie links ab und wandern sanft absteigend ⁓ die Route verlässt nun den Höhenweg und führt an einem Gehölz entlang ⁓ links abbiegen und vorbei am **Pumpwerk** in ein Tal ⁓ über den Fröschbach und an der T-Kreuzung rechts aus dem Tal hinaus.

AUSSTIEG An der T-Kreuzung links können Sie nach Viereth absteigen, wo es einen Busbahnhof und ein Gasthaus gibt.

Zuweg nach Viereth 2 km

Dazu folgen Sie zunächst dem Fröschbach abwärts ⁓ an einem Hang entlang ⁓ auf einem Hohlweg zur **Weiherer Straße** in Viereth und dort rechts ⁓ kurz darauf links in die **Steigerwaldstraße** ⁓ weiter auf dem **Hopfengartenweg** ⁓ neben dem **Friedhof** auf der **Schulstraße** zur Kirche ⁓ an der Hauptstraße links zur Bushaltestelle.

Viereth-Trunstadt

Vorwahl: 09503

St. Jakobus. Die Kirche stammt aus dem 18. Jh.

Brauereigasthof Mainlust, Hauptstr. 9, ✆ 7444, Sa-Do, @ dyv278

Auf der Hauptroute weiter aus dem Tal hinaus Richtung Tütschengereuth ⁓ am Ende der **Weiherer Straße** scharf rechts in die Straße **Zollnerhof**.

Tütschengereuth (Bischberg)

Vorwahl: 09549

Filialkirche St. Wendein, Kirchstr. Im Inneren der Kirche aus dem 18. Jh. befindet sich ein Hochaltar mit klassizistischen Bestandteilen.

Schlossgaststätte Brehm, Schloßhof 3, ✆ 331, @ ijn466

9 15,5 (335) An der **Tütschengereuther Hauptstraße** links und kurz darauf

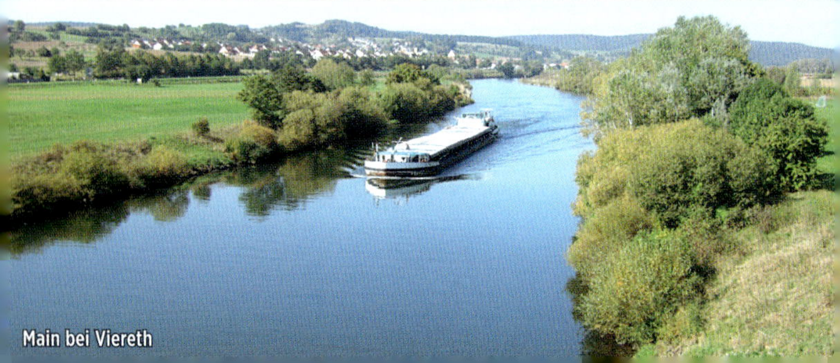

Main bei Viereth

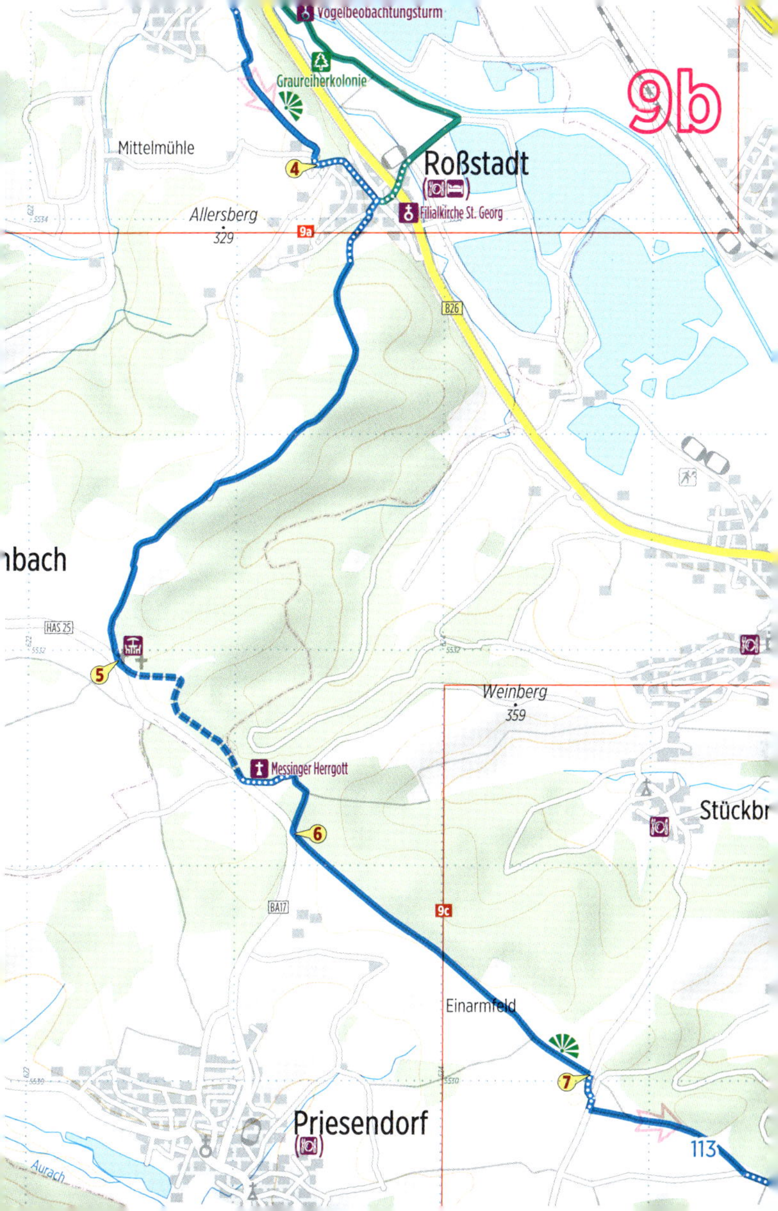

Vogelbeobachtungsturm
Graureiherkolonie
9b
Mittelmühle
Roßstadt
Filialkirche St. Georg
Allersberg
329
9a
B26
nbach
HAS 25
5
4
Weinberg
359
Messinger Herrgott
6
Stückbr
BA17
9c
Einarmfeld
7
Priesendorf
113
Aurach

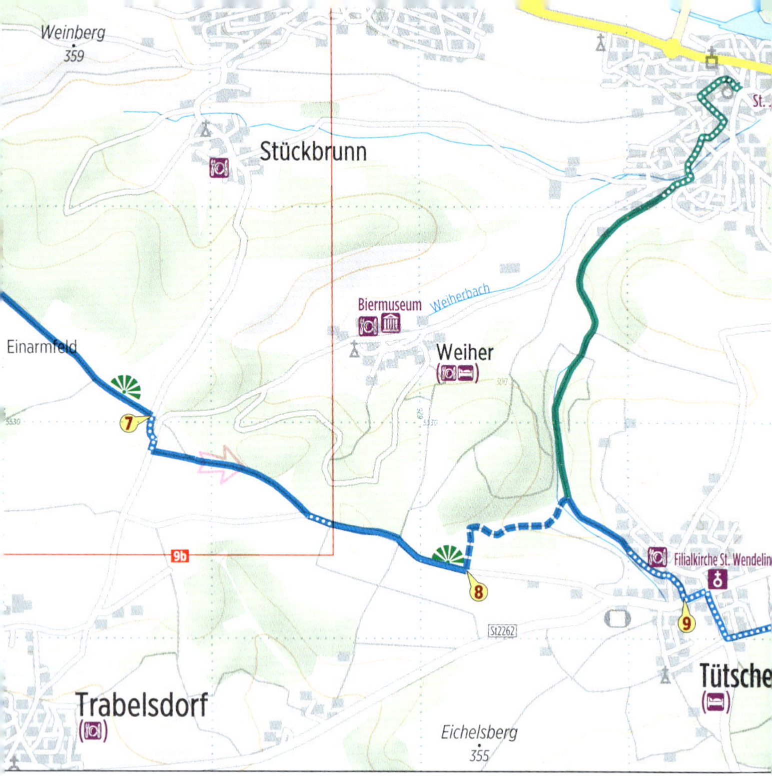

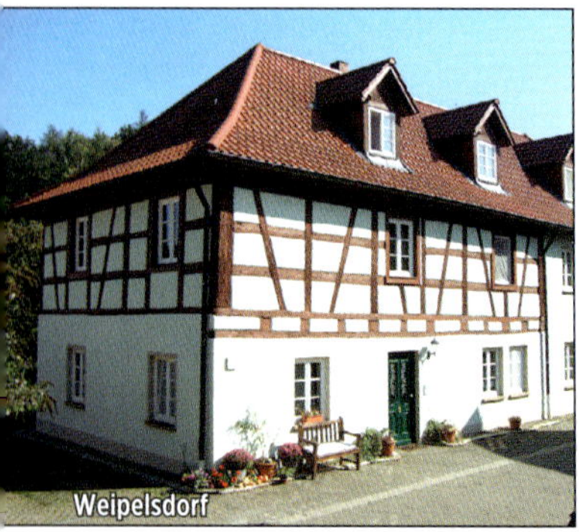

rechts in die **Walsdorfer Straße** ~ links auf der **Ringstraße** aus dem Ort ~ an der Weggabelung südlich des Sportplatzes rechts ~ weiter an Waldrändern entlang ~ durch Wald und an Wiesen vorbei ~ in Weipelsdorf zur Ortsmitte.

Weipelsdorf (Bischberg)

10 18,2 (265) An der Kirche rechts auf die **Dorfseestraße** ~ am Ortsende links ~ auf einer Anhöhe kreuzen Sie einen Weg und haben Aussicht zu den Haßbergen und zur Fränkischen Alb

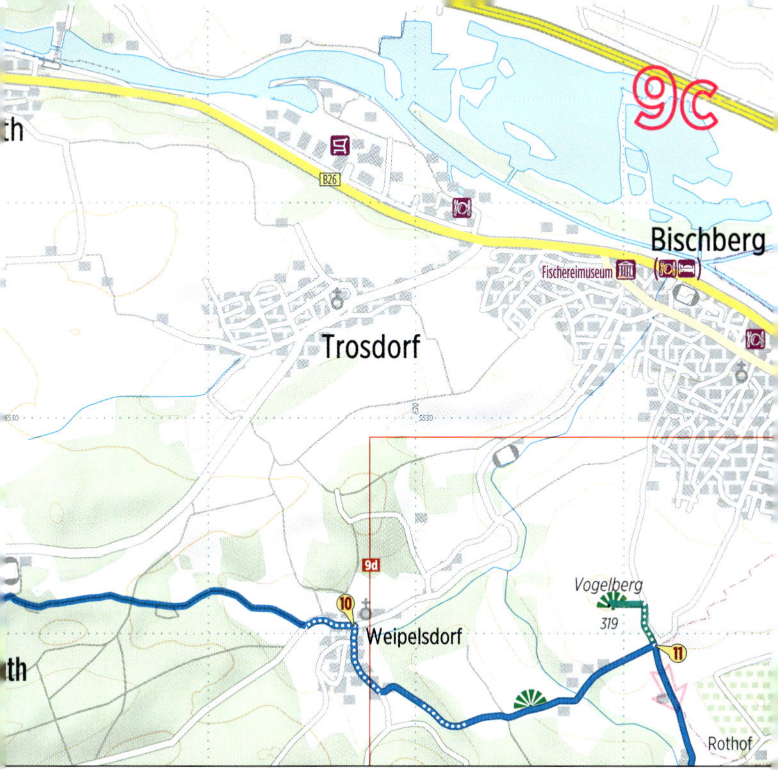

~ Sie kommen zu einer Senke mit einem Bach.

11 20,0 (290) An der folgenden Wegekreuzung biegen Sie rechts ab.

AUSSICHT An dieser Stelle empfiehlt sich nach links ein kurzer Abstecher zum hervorragenden Aussichtspunkt auf dem Vogelberg.

Vogelberg

Von hier reicht die Sicht über das Maintal, die Haßberge mit Bramberg, die Fränkische Alb mit Staffelberg, die Giechburg. Auch die Sendetürme auf der Langen Meile und Bamberg sind zu sehen.

Auf der Hauptroute wandern Sie vorbei am **Rothof**.

12 21,6 (310) An der Wegekreuzung im Wald links ~ Sie wandern durch den Michelsberger Wald ~ vorbei an einem überdachten **Rastplatz** ~ geradeaus weiter aufsteigend durch den Wald ~ an einer Rodungsfläche entlang und schließlich absteigend an den Waldrand.

13 24,4 (345) Am Stadtrand von Bamberg endet der Panoramaweg an einer **Infotafel**.

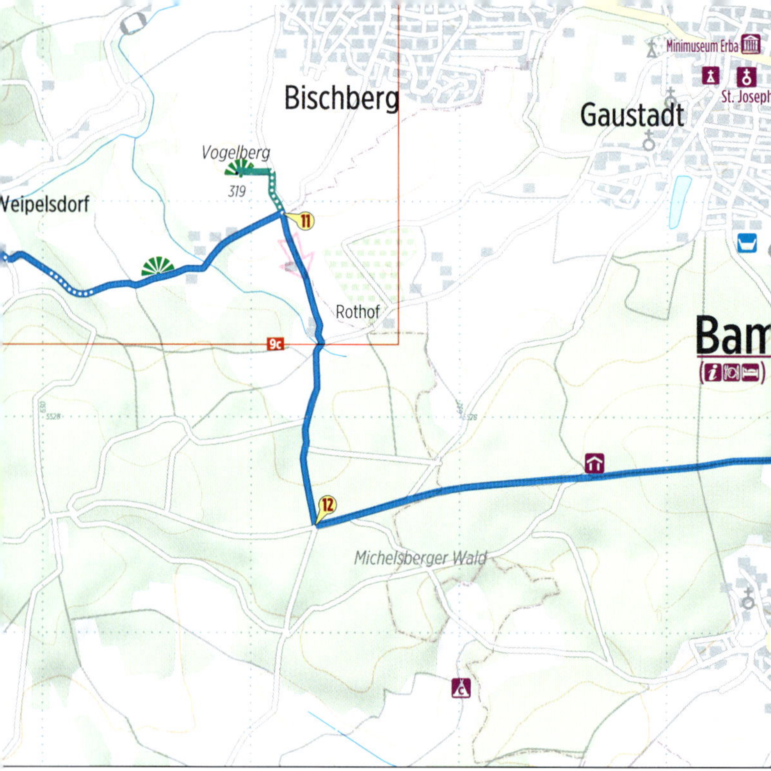

ZUM BAHNHOF

Falls Sie nach der langen Tagestour die Füße stillhalten wollen, folgen Sie noch 100 m geradeaus der St. Getreu-Straße bis zur Bushaltestelle Michelsberger Wald. Die Linie 910 bringt Sie zum Zentralen Busbahnhof, von dort verkehren mehrere Linien zum Hauptbahnhof. Optional können Sie die Abschluss-Etappe zu Fuß noch bis zum Hauptbahnhof verlängern, der Weg ist reizvoll, abwechslungsreich und berührt neben der sehenswerten Altstadt eine Reihe von Sehenswürdigkeiten.

Zuweg zur Altstadt und dem Bahnhof 3,8 km

A 0,0 Vom Endpunkt an der Infotafel gehen Sie geradeaus auf der **St.-Getreu-Straße** ~ vorbei am Hotel Bergschlösschen ~ hinter dem runden Haus leicht rechts in den Park und vorbei an der Villa Remeis ~ kurz darauf links und an der Straße rechts ~ geradezu auf das Portal des Klosters St. Michael und durch dieses aufs Klostergelände auf dem **Michelsberg**.

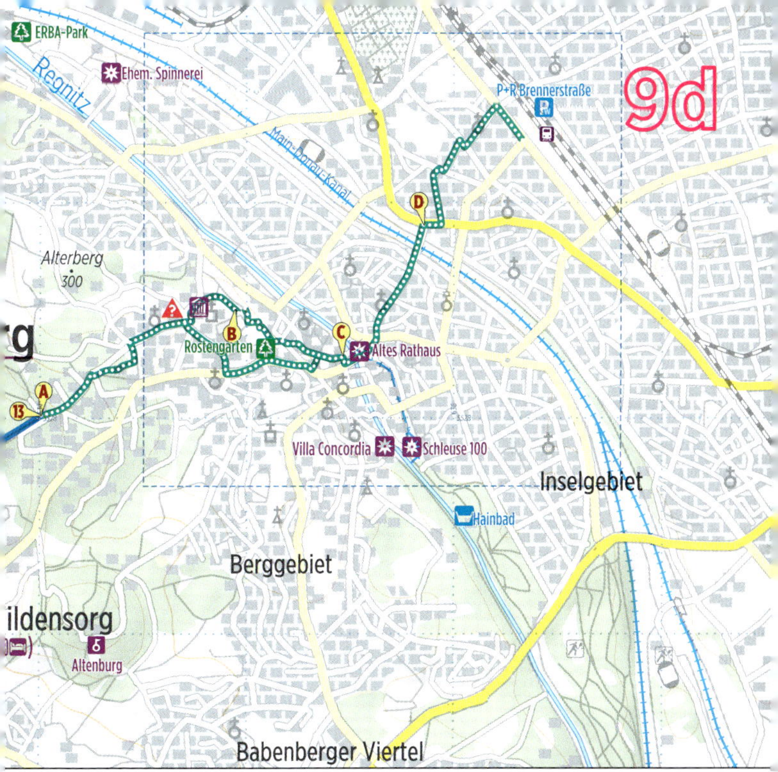

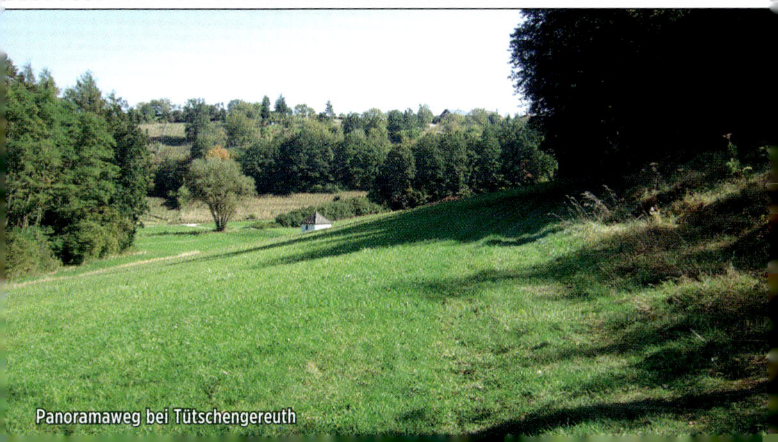

Panoramaweg bei Tütschengereuth

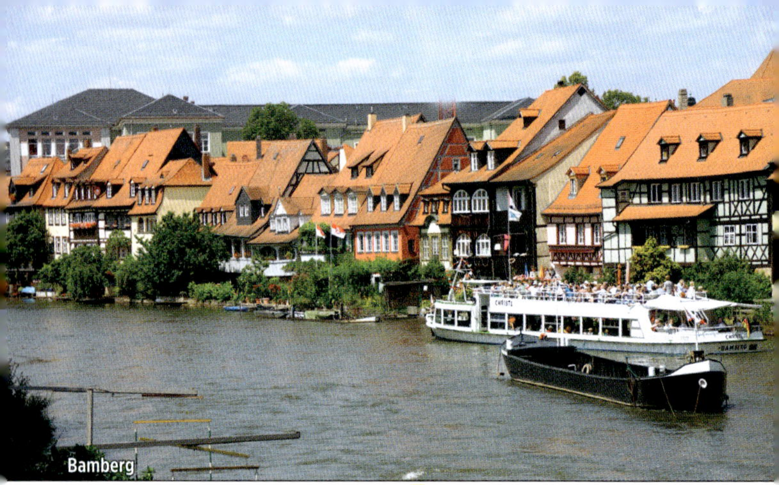
Bamberg

TIPP Das Gelände auf dem Michaelsberg ist in der Regel geöffnet, wenn es hell ist. Außerhalb dieser Zeiten umgehen Sie die Passage rechts über die Straße Michelsberg, die Obere Karolinenstraße und den Domplatz.

Links um den Komplex herum, dahinter rechts halten oberhalb des Hanges.

B 0,0 Am Ende der Promenade links die Treppe hinab und vor dem Pavillon rechts ⁓ in Bögen hinab zur **Aufseßstraße** und dort links ⁓ kurz am Rosengarten entlang, dann durch einen schmalen Durchgang zur **Oberen Sandstraße**.

C 0,0 Kurz vor der Regnitzbrücke rechts, dann gleich wieder links und auf mehreren Brücken über die Regnitz ⁓ weiter über den **Obstmarkt** und den **Grünen Markt** zum **Maximiliansplatz** ⁓ Sie verlassen die Altstadt auf der Kettenbrücke, die über den Main-Donau-Kanal führt.

D 0,0 Kurz darauf rechts auf die **Obere Königstraße**, dann bei erster Gelegenheit wieder links in die **Letzengasse** ⁓ an deren Ende rechts und gleich wieder links in die **Spitalstraße** ⁓ nochmals rechts und gleich wieder links in die **Klosterstraße** ⁓ an der nächsten Kreuzung rechts in die **Ludwigstraße**, die zum Bahnhofsvorplatz führt.

Bamberg

Es freut uns ganz besonders, dass Sie für Ihre Wanderung auf dem Steigerwald-Panoramaweg unseren Wanderführer als Ihren Begleiter gewählt haben. Wir hoffen, dass Sie damit zufrieden waren und in Zukunft wieder einmal auf ein Buch aus unserer Serie zurückgreifen. Das *Hikeline*-Team wünscht eine gute Heimreise!

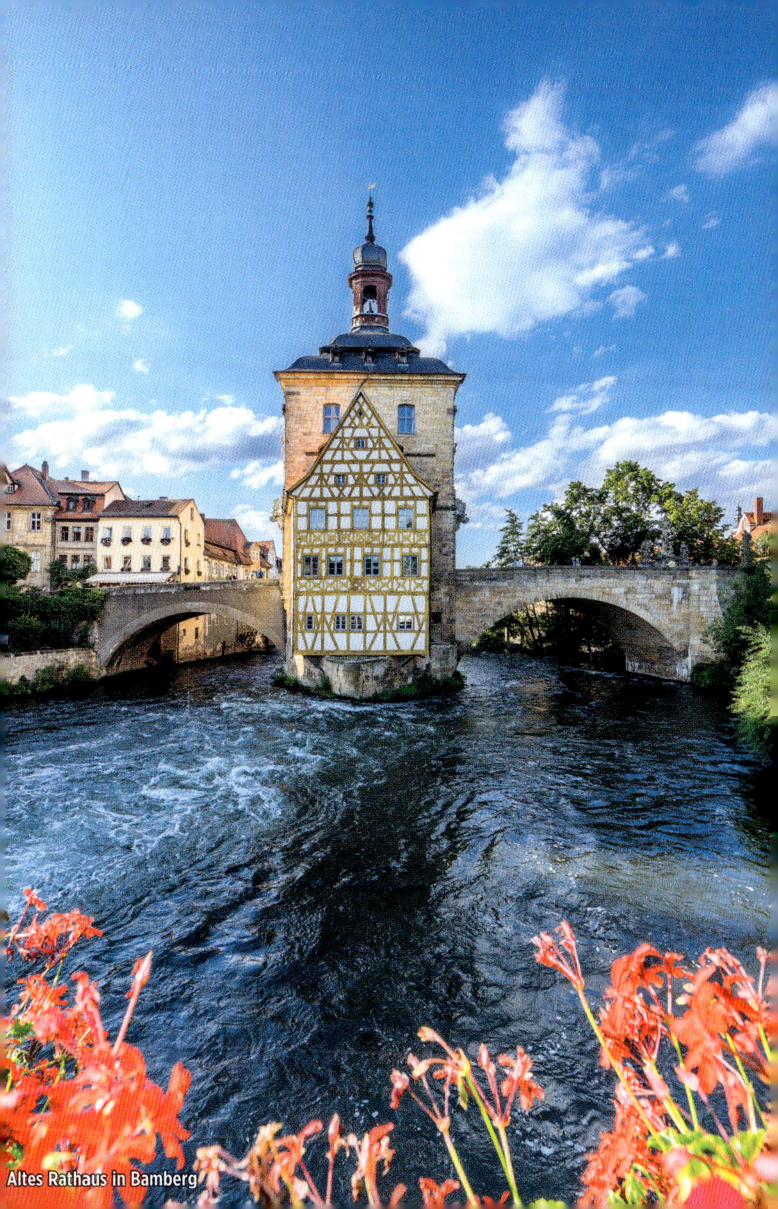

Altes Rathaus in Bamberg

Bamberg

Vorwahl: 0951

Bamberg Tourismus Service, Geyerswörthstr. 5, 2976200, @ fcj486

Schiffsrundfahrten, Personenschifffahrt Kropf, Kapuzinerstr. 5, (Anlegestelle Am Kranen), 26679 Rundfahrten auf dem Main-Donau-Kanal und der Regnitz. @ adi481

Diözesanmuseum, Domkapitelhaus, Dompl. 5, 5022502 Die ausgestellten goldbestickten Mäntel Heinrichs II. gehören zu den herausragendsten Exponaten mittelalterlicher Textilkunst. Der alte Domschatz, die wertvolle Skulpturensammlung im Lapidarium und Reste der barocken Domausstattung runden die Ausstellung ab. @ tin456

E.-T.-A.-Hoffmann-Haus, Schillerpl. 26, 871412 Sammlungen und Wohnstübchen des Dichters während seiner Bamberger Zeit (1809-13). Im romantischen Zaubergarten spiegelt die Bepflanzung Motive und einzelne Zitaten aus dem Leben Hoffmanns wider. @ tal163

Feuerwehrmuseum, Siechenstr. 75, 6010516 Wissenswertes über die Geschichte der Brandbekämpfung und die Entwicklung der Feuerlöschgerätschaften seit Mitte des 18. Jhs. @ xsp466

Fränkisches Brauereimuseum, Michaelsberg 10f, 53016 Historische Braugegenstände, Informationszentrum rund ums Bier. @ edp814

Gärtner- und Häckermuseum, Mittelstr. 34, 30179455 Altes eingerichtetes Gärtnerhaus mit Hausgarten, etwa 1767 erbaut und 1890-1895 aus- und umgebaut, mit einer Dauerausstellung zur Lebensweise und Arbeitswelt der Bamberger Gärtner und Häcker. @ syn263

Historisches Museum, Dompl. 7, In der Alten Hofhaltung, 871140 Kunst- und kulturhistorische Sammlung zur Geschichte der Stadt Bamberg und zu Oberfranken. @ vlr717

Museum Kutz, Am Kranen 12a, 201782 Kommunikationstechnik u. -geschichte: von der Keilschrift und Morsegeräten über die Schreibmaschine und den Computer bis zum ersten Handy. @ hyd687

Naturkundemuseum, Fleischstr. 2, 8631249 Große naturwissenschaftliche Sammlung aus den Themenbereichen Zoologie, Paläontologie, Geologie und Mineralogie in einem der schönsten frühklassizistischen Museumsräume Europas (1793-95). @ jhs651

Sammlung Ludwig, Obere Brücke 1, im Alten Rathaus, 871871 Barockes Porzellan und Straßburger Fayence. @ xcg385

The Bumiller Collection, Austr. 29, 25954 Universitäts-Museum für islamische Kunst, @ yok117

Welterbe-Besucherzentrum, Untere Mühlbrücke 5, 871816, 871811 Dauerausstellungen vermitteln einen ersten Eindruck von der UNESCO-Welterbestätte Bamberg. @ bvn762

Kaiserdom St. Peter und St. Georg, Dompl. 5, 502330 Von Kaiser Heinrich II. 1012 gegründet, 1237 nach Bränden im romanischen und frühgotischen Stil wieder aufgebaut. Weltberühmte abendländische Plastiken wie der Bamberger Reiter. Hochgrab Heinrichs II. von Tilman Riemenschneider. @ hij428

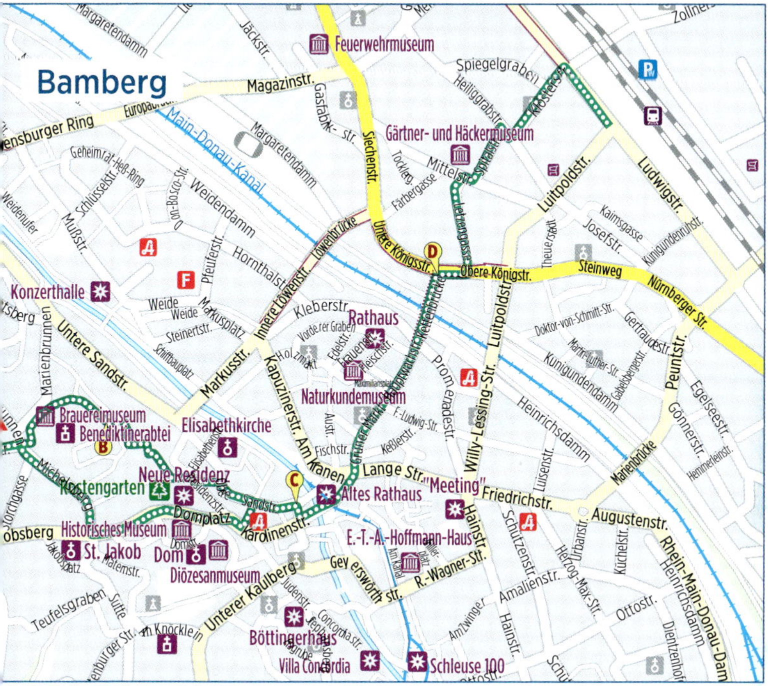

Benediktinerabtei St. Michael, Michaelsberg 10f, ✆ 872411. Das ehemalige Benediktinerkloster – gegründet 1015 von Heinrich II. – wurde im 17. Jh. durch Leonhard Dientzenhofer barock umgestaltet. Die Klosterkirche mit dem berühmten Deckengemälde ist wegen Sanierungsarbeiten bis voraussichtlich 2025 geschlossen. Das Infozentrum im Innenhof mit Shop u. Café ist geöffnet. @ qcx458

Karmelitenkloster, Karmelitenpl. 1, Domberg, ✆ 5098660 Die im 18. Jh. von Barockbaumeister Leonhard Dientzenhofer umgestaltete Klosteranlage stammt ursprünglich bereits aus dem 12. Jh. Hinter der Eingangsfassade erwartet Sie u. a. ein spätromanischer Kreuzgang aus dem 13. Jh. @ nrd388

Altenburg, Altenburg 1, ✆ 56828 Die mittelalterliche Höhenburg mit dem 33 m hohen Bergfried aus dem 13. Jh. thront auf dem höchsten der sieben Bamberger Hügel. Nach einer fast vollständigen Zerstörung im Zweiten Markgrafenkrieg wurde die Altenburg im Zeitalter der Romantik wieder aufgebaut. @ ben617

Alte Hofhaltung, Dompl. 7, ✆ 871142. Einstige Kaiser- und Bischofspfalz, Reste des alten Reichssaales aus dem 11. Jh., Giebelbau der Ratsstube im Renaissancestil von 1569, Innenhof mit spätgotischen Fachwerkbauten aus dem 15. Jh. @ jaj211

Altes Rathaus, Obere Brücke 1. Das Rathaus wurde im 15. Jh. im gotischen Stil erbaut und im 18. Jh. im Stil des Barock und Rokoko umgestaltet. Bemerkenswert sind die Fresken, die die Fassade des auf einer künstlichen Insel in der Regnitz stehenden Baus zieren. @ pyx143

Bamberg per Pedale (ADFC). Geführte Entdeckertour, Mai-Sept., Sa 15 Uhr ab Tourist-Information oder auch bei Bamberg & Rad.

Böttingerhaus, Judenstr. 14, Privatbesitz. Prachtvolles Barockpalais aus dem 18. Jh. im Stil italienischer Palazzi, mit terrassenförmig angelegtem Garten.

Internationales Künstlerhaus Villa Concordia, Concordiastr. 28, ✆ 955010. Das barocke Wasserschloss wurde von Baumeister Johann Dientzenofer 1716 erbaut und fungiert als Ausstellungs- und Veranstaltungsort für moderne Künste. @ imh223

Neue Residenz mit Staatsgalerie, Dompl. 8, ✆ 519390 Monumentaler Profanbau, Ende des 17. Jhs. als fürstbischöfliche Residenz von Leonhard Dientzenhofer errichtet, mit Rosengarten und Vierzehnheiligen-Pavillon. Im Inneren sehen Sie reich ausgestattete Prunkräume sowie eine altdeutsche und barocke Galerie und laufende Kunstausstellungen. @ vlp377

Schleuse 100, Mühlwörth. Die handbetriebene Schleuse ist die letzte der unter König Ludwig I. von 1836 – 1845 erbauten Schleusen des Ludwig-Main-Donau Kanals.

Stadtführungen, ✆ 2976200. April-Dez., tägl. 10.30 und 14 Uhr, Jan.-März, tägl. 14 Uhr, Buchung bei der Tourist-Information. @ kce532

Stadtgalerie in der Villa Dessauer, Hainstr. 4A, ✆ 871861 Galerie für moderne Kunst mit ganzjährig wechselnden Ausstellungen. @ wou173

Skulpturengruppe „Meeting", Schönleinspl. Die rot lackierten Bronzegüsse des chinesischen Künstlers Wang Shugang waren 2013 Teil einer Kunstausstellung und stehen seit 2016 dauerhaft auf dem Platz an der Altstadtkreuzung.

Rosengarten, Dompl. Umgeben von Linden, vereinen sich rund 4500 Rosen mit Skulpturen des Bamberger Hofbildhauers Ferdinand Tietz zu einem barocken Ensemble.

Hainbad, Mühlwörth 18a, ✆ 775555, @ oxu767

Bambados, Pödeldorfer Str. 176, ✆ 775140, ✆ 774900, @ wgf728

Die bewegte Geschichte Bambergs geht auf das fränkische Großreich zurück. Ende des 9. Jahrhunderts errichtete die Familie der Babenberger, ein fränkisches Grafengeschlecht, auf dem heutigen Domberg eine Burg. In der blutigen „Babenberger Fehde" verloren die Babenberger nicht nur ihre Besitzungen, wie die Burg Papinberc, sondern auch ihr Leben.
973 schenkte Otto II. dem Baiernherzog Heinrich dem Zänker aus dem Geschlecht der sächsischen Liudolfinger diese königliche Grundherrschaft. Der Besitz ging an den Sohn des Zänkers, Heinrich, über, der 1002 zum König Heinrich II. gewählt wurde. Gemeinsam mit seiner Frau Kunigunde von Luxemburg lebte er in dem künftigen Bistum Bamberg und erkor den Ort zu seinem Lieblingsplatz.

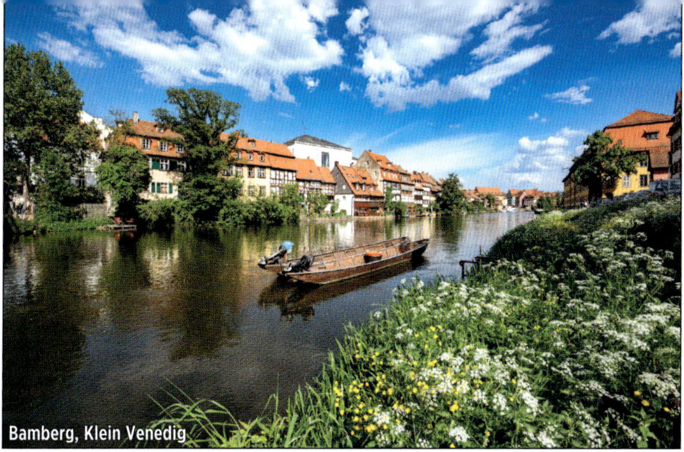

Bamberg, Klein Venedig

Seit Anfang des 11. Jahrhunderts begann Bambergs Aufstieg zu einem geistlichen Zentrum, wie die zahlreichen Kirchtürme beweisen. Nicht zu Unrecht wird Bamberg mit seinen sieben Hügeln, die die Stadt überragen, gern als das „Fränkische Rom" bezeichnet. Diese Hügel sind Ausläufer des Steigerwaldes und begrenzen den westlichen Rand des Regnitztales. Stephansberg, Kaulberg, Domberg, Jakobsberg und Michaelsberg werden von je einem Kirchturm gekrönt.

Geistlichen Ruhm hat die Stadt jedoch nicht nur durch ihre vielen Kirchtürme erlangt, sondern auch durch jenen Bamberger Bischof, der als Clemens II. die Papstwürde erlangte.

Neben dem geistlichen Bamberg gab es auch die bürgerliche Stadt, die sich auf den Inseln zwischen dem linken und dem rechten Regnitzarm angesiedelt hatte. Hier war das Leben etwas unsicherer als in der geistlichen Stadt, da die Bürger gegen das Hochwasser des Flusses ankämpfen mussten und zusätzlich zur Beseitigung der Schäden herangezogen wurden.

Heute kann die Stadt grob in drei Teile gegliedert werden, die moderne Stadt östlich des rechten Regnitzarmes, wo ursprünglich und bis heute die Gärtner ansässig sind, die ehemals bürgerliche Altstadt zwischen den zwei Regnitzarmen und das geistliche Viertel westlich des linken Regnitzarmes. Der rechte Hauptarm der Regnitz ist inzwischen zum Main-Donau-Kanal umgebaut.

Erinnert sei noch an die lange Tradition des Brauereigewerbes in Bamberg, das der Kirche fast schon ihre Herrschaft abgesprochen hatte, als es in der Stadt ehedem mehr Brauereien als Kirchtürme gab. 1880 brauten hier 65 Brauereien, heute sind es immerhin noch dreizehn, das Bierbrauen ist also nach wie vor kein unwesentlicher Wirtschaftszweig in der rund 78.000 Einwohner zählenden Stadt.

Übernachtungsverzeichnis

Übernachtungsadressen

Dieses Verzeichnis beinhaltet folgende Übernachtungskategorien:

Kategorien

- i Tourist-Information
- H Hotel
- Hg Hotel garni
- Gh Gasthof, Gasthaus
- P Pension, Gästehaus
- Pz Privatzimmer
- Ho Hostel
- Mo Motel
- NF Naturfreundehaus
- AH Apartmenthotel
- B&B Bed and Breakfast
- B Bungalow
- Fw Ferienwohnung (Auswahl)
- Bh Bauernhof
- Hh Heuhotel
- S Sonstiges
- Jugendherberge, -gästehaus
- Campingplatz
- Zeltplatz (Naturlagerplatz)

Die Auflistung stellt keine Empfehlung einzelner Betriebe dar und erhebt keinen Anspruch auf Vollständigkeit. Um das Verzeichnis stets aktuell zu halten, sind wir für Mitteilungen bezüglich Änderungen jeder Art dankbar. Der einfache Eintrag erfolgt für die Betriebe natürlich kostenfrei, aus Platzgründen können wir diesen allerdings nicht garantieren. Vor allem in Tourismusgebieten mit großem Übernachtungsangebot muss die

Qualitätsgastgeber Wanderbares Deutschland

Gütesiegel für wanderfreundliche Gastgeber

In den Kriterien zum „Qualitätsgastgeber Deutschland" spiegeln sich die Bedürfnisse und Ansprüche von Wanderern wider. Übernachtungs- und Gastronomiebetriebe werden nach transparenten Kriterien überprüft. Dazu gehören:

- Lage (u. a. Anschluss an das Wanderwegenetz)
- Ausstattung (u. a. Trockenraum, Wanderapotheke)
- Service (u. a. Gepäcktransport, persönliche Atmosphäre)
- Wanderkompetenz (u. a. Tourentipps, Wanderberatung)
- Wanderinformation (u. a. Kartenmaterial, ÖPNV-Pläne)
- Küche (gesundes Frühstück, regionale Küche)

Vor Ort untersuchen vom Deutschen Wanderverband geschulte Experten die interessierten Hotels, Pensionen, Ferienwohnungen, Campingplätze, Jugendherbergen und Einkehrbetriebe auf ihre Wanderfreundlichkeit – so wird Wanderqualität deutschlandweit transparent.

Eine Auflistung der aktuellen zertifizierten Qualitätsgastgeber finden Sie unter

www.wanderbares-deutschland.de

Liste aus Platzgründen automatisiert leicht gekürzt werden.

Kennzeichnung

I Preiskategorie unter € 25,–
II Preiskategorie € 25,– bis € 35,–
III Preiskategorie € 35,– bis € 50,–
IV Preiskategorie € 50,– bis € 70,–
V Preiskategorie € 70,– bis € 100,–
VI Preiskategorie über € 100,–
o.F. kein Frühstück angeboten
HP mit Halbpension
nur Zimmer mit Etagenbad
Qualitätsgastgeber Wanderbares Deutschland
2.5 Entfernung vom Weg in Kilometer Luftlinie

Preise

Die Preise gelten als Richtwert pro Person in einem Doppelzimmer mit Dusche oder Bad inkl. Frühstück.

Die angegebenen Preiskategorien entsprechen dem Stand des Erhebungs- bzw. Überarbeitungszeitraumes und können sich von den tatsächlichen Preisen unterscheiden. Besonders während Messezeiten, aufgrund von unterschiedlichen Zimmertypen und nicht zuletzt saisonal bedingt sind preisliche Schwankungen möglich.

Entfernung

Die blaue Zahl (2.5) beim Übernachtungsbetrieb gibt die Entfernung zur Route in Kilometern an. Bitte beachten Sie, dass sich diese Zahl auf die Luftlinie bezieht, ohne Berücksichtigung der Höhenmeter und der tatsächlich zurückzulegenden Strecke.

Aktuelle Korrekturen zum Übernachtungsverzeichnis erhalten Sie über das LiveUpdate auf www.esterbauer.com

Etappe 1
Bad Windsheim - Herbolzheim

Bad Windsheim

Vorwahl: 09841

Tourist-Information, Marktpl. 1, ✆ 6689700 0.5

H Am Kurpark Späth, Oberntiefer Str. 40, ✆ 9020, IV-V 0.5

H Arvena Reichsstadt, Pastoriusstr. 5, ✆ 9070, IV-V 0.5

H Pyramide, Erkenbrechtallee 6, ✆ 68200, IV 0

H Reichels Parkhotel, Am Stauchbrunnen 7-9, ✆ 4050, III-IV 0

H Zum Storchen, Weinmarkt 6, ✆ 669890, III-IV 0.5

Hg Goldener Schwan, Rothenburger Str. 5, ✆ 682530, III-IV 0.5

Hg Vital Hotel an der Therme, Erkenbrechtallee 14, ✆ 689990, IV-V 0

Gh Bürgerbräustuben, An der Alten Weed 10, ✆ 7107, IV-V 0.5

Gh Zum Birnbaum, Knörrg. 5, ✆ 1565, III 1

P Pastoriushaus, An der Heuwaag 1, ✆ 7078, III-IV 0.5

P Schulz, An der neuen Weed 2, ✆ 1649, III 0.5

Campingland, Bad Windsheimer Str. 7 0.5

Herbolzheim (Markt Nordheim)

Vorwahl: 09842

Gh Grüner Baum, Herbolzheim 33, ✆ 2189, III 0

Etappe 2
Herbolzheim - Bullenheimer Berg

Ippesheim

Pz Gästehaus Neumeister, Weinlaubeng. 15, ✆ 09933/91002, II 2.5

Fw Glück, Oberer Spreußberg 9, ✆ 0170/4049729, III 2

Bullenheim (Ippesheim)

Vorwahl: 09339

P Winzerstube und Gästehaus Dürr, Bullenheim 73, ✆ 1436, III 0

Pz Winzerstube Mann, Bullenheim 96, ✆ 604 0

Etappe 3
Bullenheimer Berg - Iphofen

Hüttenheim (Willanzheim)

Vorwahl: 09326

Gh Landgasthof May, Hüttenheim 6, ✆ 255, III 0.5

Pz Ebracher Hof, Hüttenheim 58, II-III 0

Pz Hillabrand, Hüttenheim 96, ✆ 1765, ✆ 0151/53231139, III 0.5

Pz Nagler, Hüttenheim 27, ✆ 1824, II-III 0

Mönchsondheim (Iphofen)

Vorwahl: 09326

Fw Brotzeitstube Nierenmühle, Nieremühle 1, ✆ 1527, II-III 0

Markt Einersheim

Vorwahl: 09326

Gh Rotes Ross, Von-Rechteren-Limpurg-Str. 20, ✆ 282, III 0

Fw Am Kirschbaum, Bahnhofstr. 8, ✆ 1320, ✆ 0177/7858910, II 0

Iphofen

Vorwahl: 09323

i Tourist-Information, Kirchpl. 1, ✆ 870306 0

H Bio-Wein-Hotel Bausewein, Breite Gasse 1, ✆ 5210, IV-V 0

H Das kleine Hotel, Mainbernheimer Str. 10, ✆ 1246, IV 0.5

H Goldene Krone, Marktpl. 2, ✆ 87240, III-IV 0

H Zehntkeller, Bahnhofstr. 12, ✆ 8440, V 0

H Zum Hirschen, Lange Gasse 23-25, ✆ 3326, III-IV 0

Gh Deutscher Hof, Ludwigstr. 10, ✆ 3348, III 0

Gh Goldener Stern, Maxstr. 22, ✆ 3315, III-IV 0

P Gästehaus Fröhlich, Gerätheng. 13, ✆ 3030, II-III 0

P Gästehaus in den Weinbergen, Boverystr. 13, ✆ 3819, ✆ 0151/22551922, II 0.5

P Weingut Emmerich, Einersheimer Str. 47, ✆ 875930, III 1

P Zum Kronsberg, Schwanbergweg 14, ✆ 80203, III 0.5

Bh Weingut & Pension Claußen-Wintzheimer, Mühlenweg 1, ✆ 3477, III 0

Etappe 4
Iphofen - Friedrichsberg

Rödelsee

Vorwahl: 09323

H Hotel am Schwanberg, Im Grund 3, ✆ 2083898, III-IV 0.5

H Rödelseer Schwan, Am Buck 1, ✆ 87140, IV 0

H Stegner, Mainbernheimer Str. 26, ✆ 87210, III 0.5

Gh Winzerstube, Wiesenbronner Str. 2-4, ✆ 5222, IV 0

P Demel, Wiesenbronner Str. 5, ✆ 1699, ✆ 0172/6349638, III 0

P Gästehaus Sulzbacher, Dorfgraben 9, ✆ 5510, II 0

Pz Gruschke, Mainbernheimer Str. 21, ✆ 5141, II 0.5

Schwanberg (Iphofen)

P Gästezimmer im Schloss, Schwanberg 1, ✆ 09323/32128, III 0

Castell

Vorwahl: 09325

i Gemeinde Castell, Rathauspl. 4, ✆ 401 0

Pz Fw Haus Rhönblick, August-Sperl-Str. 8, ✆ 1282, ✆ 0171/8967734, I-II 0

Abtswind

Vorwahl: 09383

i Tourist-Information, Hauptstr. 19, ✆ 2692 0

Gh Zur Linde, Am Marktplatz, ✆ 1858 0

Gh Zur Schwane, Hauptstr. 10, ✆ 6051, III-IV 0

P Gasthof Zum Steigerwald, Stämmbauersweg 2, VI 0

Etappe 5
Friedrichsberg - Ebrach

Geiselwind

Vorwahl: 09556

H Geiselwind, Friedrichstr. 10, ✆ 92250, IV-V 1

H Krone, Kirchpl. 2, ✆ 923800, II-III 0.5

H Stern, Marktpl. 11, ✆ 217, III 0.5

H Strohofer, Scheinfelder Str. 21, ✆ 18600, III-IV 1

Gh Zur Kupferpfanne, Wiesentheider Str. 3 u. 4, ✆ 1035, II 0.5

P Hannelore Müller, Fischhausstr. 7, ✆ 243, II-III 1

Gh Lamm, Marktpl. 8, ✆ 247 0.5

Gräfenneuses (Geiselwind)

Vorwahl: 09556

Gh Zur Rose, Gräfenneuses 6, ✆ 315, II-III 0

Pz Ferienhof Heroth, Gräfenneuses 9, ✆ 470, I-II 0

Ebersbrunn (Geiselwind)

Pz Zum Hirschen, Ebersbrunn 25, ✆ 09556/200, II 1.5

Großgressingen (Ebrach)

Fw Ferienhaus Inge, Neuburgstr. 14a, ✆ 09553/980333, III 1.5

Fw Sauerschell, Neuburgstr. 9, ✆ 09553/1511, ✆ 0178/6514062, II 1.5

Ebrach

Vorwahl: 09553

i Marktgemeinde Ebrach, Rathauspl. 2, ✆ 92200 0

H Klosterbräu, Marktpl. 4, ✆ 180, IV 0

Gh Zum Alten Bahnhof, Bahnhofstr. 4, ✆ 1241, ✆ 0176/27562743, II-III 0

P Gästehaus Kaiser, Brucksteigstr. 30, ✆ 1250, II 0.5

Δ Weihersee, Schwimmbadweg 1, ✆ 9890579, ✆ 01702817873 0

Etappe 6 Ebrach - Michelau

Breitbach (Oberschwarzach)

Vorwahl: 09553

Gh Zur Traube, Breitbach 23 u. 25, ✆ 09533/981090, III 1.5

Handthal (Oberschwarzach)

Vorwahl: 09382

P Haus Margarete, Handthal 26, ✆ 315783, III 0

Fw Weingut Winzermännle, Handthal 49, ✆ 316350, II 0

Gerolzhofen

Vorwahl: 09382

i Tourist-Information, Marktpl. 20, im Alten Rathaus, ✆ 903512 0

H Tor zum Steigerwald, Dingolshäuser Str. 1, ✆ 97460, III 0

Pz Gästehaus Edelmann, Berliner Str. 36, ✆ 8315, II 1

Michelau im Steigerwald

Vorwahl: 09382

Fw Am Taubenherd, Oberer Taubenherd 7, ✆ 318877, ✆ 0176/20638623 0

Fw Lorz, Unterer Taubenherd 18, ✆ 7114, ✆ 0160/7726915, I-II 0

Fw Pz Weinbau Pfrang, Oberdorf 13, ✆ 318900, ✆ 0175/9870447, I-II 0

Sudrach (Michelau im Steigerwald)

Fw Waldwiese, Oberer Haesenknuck 10, ✆ 09382/3199491, ✆ 01570/70250666, II 1

Etappe 7 Michelau - Eschenau

Neuhausen (Michelau im Steigerwald)

Ht Hexenhäusle, Wirtsg. 2, ✆ 09382/315222, I 0

Oberschwappach (Knetzgau)

Vorwahl: 09527

Fw Weinbau Hetzel, Scherenbergstr. 18, ✆ 950210, III 0.5

Eschenau (Knetzgau)

Gh Gasthof Zum Böhlgrund, August-Wacker-Str. 25, ✆ 09527/376, III 0

Etappe 8
Eschenau - Eltmann

Oberschleichach (Oberaurach)

Vorwahl: 09529

H Landhaus Oberaurach, Steigerwaldstr. 23, ✆ 92200, IV 0

Gh Brauereigasthof Zenglein, Pfarrer-Baumann-Str. 23, ✆ 92240, II-III 0.5

Fw Eckenreiter, Pfarrer-Baumann-Str. 48, ✆ 661, II 0.5

Tretzendorf (Oberaurach)

Pz Schaaf, Forellenweg 2, ✆ 09522/485 0

Fw Stampf, Erlenweg 1, ✆ 09522/80365 0

Trossenfurt (Oberaurach)

Vorwahl: 09522

Pz Fw Wirth, Conrad-Vetter-Str. 2, ✆ 1063, I-II 0

Eltmann

Vorwahl: 09522

i Tourismusinfo & ritz, Marktpl. 1, ✆ 89910. Regionales Informations- u. Tourismuszentrum für die Naturparke Steigerwald u. Haßberge. 0

H Haus am Wald, Georg-Göpfert-Str. 31, ✆ 231, III 1

H Wallburg, Wallburgstr. 1, ✆ 6011, III 0.5

Gh Weißes Kreuz, Zinkenstr. 2, ✆ 397, III 0

P Maintal, Steinertspl. 2, ✆ 950350, III 0

Pz Englert-Schmitt, Centgrafenstr. 5, ✆ 5992, ✆ 0160/7620510, I-II 0

Fw CityZimmer Eltmann, Kleinhenzstr. 16, ✆ 0177/6385833, I 0

Fw Gleußner, Balthasar-Neumann-Str. 53, ✆ 3013095, I 1.5

Fw Köhler, Wallburgstr. 46, ✆ 5603, ✆ 0176/51877965, I-II 0

Ebelsbach

Vorwahl: 09522

Gh Klosterhof, Georg Schäfer Str. 11, ✆ 708282, III 0

Etappe 9
Eltmann - Bamberg

Roßstadt (Eltmann)

Vorwahl: 09522

Gh Engel, Frankenstr. 18, ✆ 439

Gh Landgasthof Schramm, Frankenstr. 24, ✆ 399, III-II 0

Fw Maintalblick, Weinleite 10, ✆ 7097370, IV 0.5

Weiher (Viereth-Trunstadt)

Gh Kundmüller, Weiher 13, ✆ 09503/4338, II 1

Viereth-Trunstadt

Vorwahl: 09503

Gh Brauereigasthof Mainlust, Hauptstr. 9, ✆ 7444, II 0.5

Pz Schrenker, Am Wäldchen 6, ✆ 259281, ✆ 0151/26716773, I-II 1

Fw Casa de Campo, Lindenweg 9, III 0

Fw Renner, Allee 3, ✆ 7961,

✆ 0178/3380664, III 2
Fw Treuter, Am Wäldchen 1, ✆ 1802, ✆ 0170/1541161, II 0.5

Tütschengereuth (Bischberg)

Vorwahl: 09549
Gh Schlossgaststätte Brehm, Schloßhof 3, ✆ 331, III 0

Bamberg

Vorwahl: 0951
i Bamberg Tourismus Service, Geyerswörthstr. 5, ✆ 2976200 0.5
H Alt-Ringlein, Dominikanerstr. 9, ✆ 95320, III-IV 0
H Am Dom, Katzenberg 5, ✆ 51932608, III-IV 0
H Andres, Heiliggrabstr. 1, ✆ 980260, II-III 0
H Bamberger Hof Bellevue, Schönleinspl. 4, ✆ 98550, V 0.5
H Best Western Hotel Bamberg, Luitpoldstr. 7, ✆ 510900, IV-V 0
H Brudermühle, Schranne 1, ✆ 955220, IV 0
H Casa Italia, Dominikanerstr. 3, ✆ 29608931, III 0

H Center Hotel MainFranken, An der Breitenau 2, ✆ 30920, III 1.5
H Europa, Untere Königstr. 6-8, ✆ 3093020, IV 0
H Gasthof Wilde Rose, Kesslerstr. 7, ✆ 981820, III-IV 0
H Nepomuk, Obere Mühlbrücke 9, ✆ 98420, IV-V 0.5
H Palais Schrottenberg, Kasernstr. 1, ✆ 955880, IV-V 0
H Ring-Hotel National, Luitpoldstr. 37, ✆ 509980, IV-V 0.5
H Romantikhotel Messerschmitt, Lange Str. 41, ✆ 297800, V 0.5
H Tandem Hotel, Untere Sandstr. 20, ✆ 51935855, III-IV 0
H Villa Geyerswörth, Geyerswörthstr. 15-21a, ✆ 91740, V 0.5
H Villa Katharina, Panzerleite 37, ✆ 93739033, III 1
H Volkspark, Pödeldorfer Str. 180, ✆ 91788599, IV 2
H Welcome Hotel Residenzschloss, Untere Sandstr. 32, ✆ 60910, IV 0
H Welcome Kongress Hotel, Mußstr. 7, ✆ 70000, III-V 0.5
H ibis budget, Ludwigstr. 20, ✆ 5099550, III 0
Hg Alt Bamberg, Haberg. 11, ✆ 986150, II-IV 0
Hg Altenburgblick, Panzerleite 59, ✆ 95310, III-IV 1
Hg Altstadt-Hotel Molitor, Obere Mühlbrücke 2-4, ✆ 30270040, III-IV 0.5
Hg Altstadt-Hotel Weierich, Lugbank 5, ✆ 91700777, III-IV 0
Hg Altstadthotel Sandstern, Obere Sandstr. 11, ✆ 2995220, III 0
Hg Am Blumenhaus, Amalienstr. 1, ✆ 2080225, III 0.5

Hg Am Brauerei-Dreieck, Holzgartenstr. 12, ✆ 3018100, II-III 1.5
Hg Barockhotel am Dom, Vorderer Bach 4, ✆ 54031, IV 0.5
Hg Bergschlösschen, Am Bundleshof 2, ✆ 51912555, IV-V 0
Hg Berliner Ring, Pödeldorfer Str. 146, ✆ 915050, III-IV 1.5
Hg Cafe Graupner, Lange Str. 5, ✆ 980400, III-IV 0
Hg Hotel Wohnbar, Stangsstr. 3, ✆ 50998844, III-IV 0.5
Hg Ibis Bamberg Altstadt, Theaterg. 10, ✆ 980480, IV 0.5
Gh Brauereigasthof Fässla, Obere Königstr. 19-21, ✆ 26516, III 0
Gh Brauereigasthof Spezial, Obere Königstr. 10, ✆ 24304, II-III 0
Gh Drei Linden, Memmelsdorfer Str. 87, ✆ 31847, III 0.5
Gh Zum Goldenen Anker, Untere Sandstr. 73, ✆ 2080225, III 0.5
P Gästehaus Hölle 12, Hölle 12, ✆ 55444, ✆ 0160/99591788, o.F., III 0.5
Pz Bed & Bike Bamberg Mitte, Obere Königstr. 6, ✆ 97458319, ✆ 01578/1807609, II 0
Pz Neumann, Luitpoldstr. 32, ✆ 26161, ✆ 0160/5875555, III 0.5
Ho Central, Promenadestr. 3, ✆ 981260, III-IV 0.5
Fw Aargau, Pödeldorfer Str. 21, ✆ 303158, ✆ 0160/6003909, II 0.5
Fw Allzeit Herzlich Willkommen, Grafensteinstr. 40, ✆ 37285, II 0.5
Fw Am Karmelitenbrunnen, Mittlerer Kaulberg 1, ✆ 39284, ✆ 0177/8041122, II 0.5
Fw Auf der Insel, Don-Bosco-Str. 2, ✆ 6030123, ✆ 0170/4239775, II-III 0.5
Fw City Wohnung Sonnenschein, Nürnberger Str. 161, ✆ 1338075, II 1.5
Fw Sonnenblumenhaus, Fischerei 7, ✆ 22310, ✆ 0171/8907809, II 0.5
Fw Zimmer's Obstgarten, Hohe-Kreuz-Str. 9b, ✆ 56582 1.5
Fw Zum Alten Häusla, Michelsberg 9, ✆ 0160/90562806, III 0.5
Jugendherberge Bamberg „Am Kaulberg“, Unterer Kaulberg 30, ✆ 29952890, II-III 0.5

Ortsindex

Die Seitenzahlen ab S. 124 beziehen sich auf das Übernachtungsverzeichnis.